GUKE ZHINIAN JIAGUO QINGHUAI
ZHONGGUO MINYING QIYE DE SHEHUI ZEREN
DAXIN JIAJU CHUANGXIN YINLING

新时代河南企业创新发展论丛

顾客执念，家国情怀：
中国民营企业的社会责任
大信家居创新引领

董伶俐 / 著

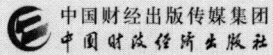

中国财经出版传媒集团
中国财政经济出版社

新时代河南企业创新发展论丛

总 主 编 薛玉莲

执行主编 牛全保　罗仲伟　李东进

编 委 会（以姓氏笔画为序）

牛全保　田启涛　孙　坚　李东进　李志兰

罗仲伟　赵现红　董伶俐　谢香兵　蔡树堂

潘克勤　潘　勇　薛玉莲

总　　序

地处中华大地中原地区的河南是中华民族和华夏文明的重要发祥地，这片热土孕育出了璀璨的历史文明和无数的英雄人物。河南作为华夏文明中商人、商业、商业文化的重要发源地，是考古学界、史学界的共识。自古以来，这里就有比较浓厚的商业氛围，人们也有较为敏锐的商业意识，涌现出滋润中华商业及商业文化的众多人物和事迹，脍炙人口、流芳后世。

3800年前的商代，河南商丘人王亥"肇牵车牛远服贾"，也就是用牛车拉着货物到远地的其他部落去做生意，被奉为商业鼻祖。作为最早从事货物交易的商族人，后来被外部落的人赋予"商人"称谓。"商人"一词，沿袭至今。据考证，在商丘柘城老君堂遗址中曾出土商代早期的贝币二百多枚，成为"商人"交易的见证。

孔老夫子的高足子贡，是河南浚县人，他善于经商致富，并以坚守"为富当仁"信条彪炳史册。正是在子贡的资助下，孔子才得以周游列国。被后人称为商圣的范蠡，是河南南阳人，他帮助越王勾践灭吴复国，在尊荣集于一身、权力达至顶峰之际，却"于天上看见深渊"，选择激流勇退，泛舟五湖，最后隐身于商业。期间他三次经商成巨富，又三散家财，自号陶朱公，成为中国儒商之始祖。河南新郑人弦高，在经商途中遇到了秦师入侵，遂以自己的十五头牛为代价智退秦军，挽救了自己的国家郑国。享有"商祖"之誉的白圭是河南洛阳人，其在战国时期就创立的"人弃我取，人取我与"经商策略，至今仍为人们广泛运用。《吕氏春秋》的作者吕不韦是河南濮阳人，被誉为中国历史上最成功的商人，古今中外第一风险投资商，无疑是恢弘豫商的代表人物。西汉时的河南唐河人樊重善于农稼，爱好货殖，且乐善好施、扶危济困，是流芳史册的商人楷模之一。同时期的洛阳畜牧商人卜式，为帮助汉武帝打败匈奴平定边患，捐出了一半的财产充作军费，并且于战争结束后再次捐款用于国家移民戍边。

明末清初，河南巩义的康氏家族以置办土地和店铺起家，靠河运贩盐发财，靠土地致富，创下"富过十二代，历经400年不败"的康百万时代，"头枕泾阳、西安，脚踏临沂、济南；马跑千里不吃别家草，人行千里全是康家田"是其真实写照，时列三大"活财神"之首，也使古代豫商达到了事业巅峰。

总之，在中华文明的历史长河中，豫商是中国商帮中一个非常重要的群体。千年豫商曾经创造了辉煌的历史，为中国的商业理论、商业实践和商业文化的确立和发展做出了伟大的贡献。

豫商作为中华文明发展史上最早的商业群体，其经商精神与中国传统文化一脉相承，并有独具特色的文化特征。豫商将儒家文化与商业结合起来，往往处变不惊、深藏不露，克服了根深蒂固的"学而优则仕""尊儒黜商"的传统观念，推崇文化，兼容并蓄，亦儒亦农亦商。有研究者指出，概括而言，豫商的商业特性主要集中体现在诚信为本、质量求胜，为富当仁、扶危济困，政商相融、爱国情怀，把握市场、注重供求等方面。当然，豫商特性及豫商文化的养成，离不开传统而深厚的中原儒家文化以及中原文化与豫商文化的和谐融通。

总　序

当改革开放的春潮席卷中原大地之时，由民营企业家群体构成的新一代豫商应运而生并快速成长。伴随建设中国特色社会主义市场经济的历史进程，他们抓住破茧而出、再次崛起的良机，通过艰苦奋斗，顽强打拼，不断地创造辉煌成绩，不停地超越自己，书写了一个又一个商业传奇，铸就了新豫商这个响亮的"品牌"。如今，新豫商作为河南的一张新时代名片越来越响亮，影响越来越大，新豫商和新豫企，已成为河南经济发展的中流砥柱，为河南市场经济的繁荣和社会的发展做出了不可或缺的贡献。

随着中国特色社会主义进入新时代，河南作为全国重要的经济大省、人口大省，有厚实基础、有独特优势、有巨大潜力保持经济持续稳定发展，从而使新豫商、新豫企站在了新的历史起点上。特别是黄河流域生态保护和高质量发展、促进中部地区崛起两大国家战略叠加，为新豫商、新豫企的快速高质量发展提供了宝贵的战略机遇。

习近平总书记2019年9月亲临河南视察工作时，把中原更加出彩与中国梦联系在一起，就是希望在中华民族伟大复兴的征程中，中原这片承载过辉煌历史的土地焕发新的活力、创造新的辉煌，也使新豫商、新豫企深感初心如磐，使命在肩。为此，在深入、系统地研究豫商发展史，总结豫商经验，弘扬豫商精神的基础上，不断壮大新豫商队伍，振兴新豫企不仅是河南民营经济实现突破、达成超越的现实要求，也是实现区域经济发展、"中原更加出彩"的客观需要。

正是在上述时代背景下，河南财经政法大学组织以工商管理学科为主的相关专业师生，深入企业基层开展调研，旨在以全球经济竞争为视野，应对数字智能经济挑战为导向，从工商管理学科视角深入研究、细致刻画进入21世纪后中原大地上出现的具有典型的领先企业创新实践，客观、准确反映新豫商、新豫企因应新产业革命而创新发展的特色、远景和管理学启示，同时从区域层面提出时代企业经营管理的发展趋势。而将陆续形成的研究成果结集成多部专著，就成为这样一套富有特色的丛书。

总体上看，这套丛书力争体现以下特色。

一是时代前瞻。紧紧扣住数字智能新时代对微观经济实体提出的现实挑战和提供的重大机遇，梳理领先新豫商、新豫企的独到认识、实际解决方案和具体创新性实践，发现和揭示具有示范性、引领性，甚至颠覆性的企业创新实践规律和路径，而不是简单地对经典教科书或传统管理理论的重新编排整理。

二是问题导向。聚焦于应对数字智能新时代新豫商、新豫企战略决策和经营管理所面对的前沿性、战略性问题，着眼于最具创新特色的新豫企实践及其最有亮点的突破性实绩，从某个重要的侧面展现新豫商、新豫企的时代经营特性和商业精神，而不是面面俱到、体系完整的新豫企发展史，也不是新豫商企业家的个人奋斗史。

三是案例分析。以经典、规范的案例研究方式针对典型新豫商、新豫企的创新实践展开学术分析，通过符合逻辑的学理性思考和一定深度的理论分析，或推进对新时代新豫商、新豫企经营管理实践和创新的认识，或直接构建、丰富新时代企业经营管理理论，而不是对企业经营经验和绩效的一般性总结。

新豫商、新豫企处于一个动态发展的过程，对新豫商、新豫企的认识同样是一个不断深入的过程，这样的研究就需要长期持续下去，以不断反映这片热土上激动人心的伟大创造和变化，不断充实和完善中国特色社会主义工商管理理论和相关学科建设。衷心希望这套丛书的出版能够有助于促进对新豫商、新豫企的研究，推动更多有特色、高质量的研究成果为新时代管理实践服务，为工商管理理论创新服务，为工商管理教育服务。

"新时代河南企业创新发展论丛"编委会
2019 年 12 月 16 日

前　　言

　　第一次与郑州大信家居的接触源于2016年学院想给学生联系实习基地，初步筛选了几家公司，我负责联系大信。记得当时刚从爱尔兰访学回来，访学中也接触到国外的一些学生实践项目，对学院的实践安排非常认同，但是由于从来没有听说过大信家居，当然也没有企业相关人员的联系方式，后来通过一个在大信工作的毕业生找到了庞理的手机号，犹豫了一下直接拨了过去，犹豫是因为想着：一是不知道能否联系上；二是因为从来没有过任何交集，不知对方是否会同意学生到企业进行实习。但是结果出乎我的意料，接通电话庞理听我自报家门后，很热情地说，"欢迎，不过这事归我们企业外联部常部长管，我给你她的联系方式，你可以直接跟她联系。"此后的好几年由于和大信的频繁接触，尤其每年的学生实习，我和常青部长也成了好朋友。

　　郑州大信家居有限公司，是行业中的一家隐形冠军，2017年，获评国家工信部"智能制造试点示范项目企业"以及"服务型制造示范企业"；2018年，大信模式被清华大学纳入中国工商管理案例中心，且作为哈佛大学的共享案例。2018年11月，企业入选在中国国家博物馆展出的

"伟大的变革——庆祝中国改革开放四十周年成就展",是中国家居行业唯一入选企业,同年被评选为国家级设计中心。2021年大信博物馆聚落建成,共有五大博物馆组成,地理决定文化,文化决定生活,大信家居博物馆聚落不仅珍藏了大量文物,同时也是家居的科学实验室,是工业设计灵感来源的文化基地,用大信董事长庞学元的话讲,就是要服务于整个家居行业,免费对外开放。"心系客户""用心去做中华民族的好子孙""为人们提供物美价优的产品,是大信的品牌使命和崇高理想",一条条被写进大信的品牌宣言。

从2016年带领学生开启到大信的实习之旅后,笔者已经连续带领六届学生走进大信,期中还包括多次因为召开学术会议跟大信的深度合作以及为了收集写书的资料和指导毕业生写论文,多次带领团队深入大信访谈、参观和实习。近距离的接触、尤其是多次对庞学元董事长、庞理总经理、李电萍馆长的访谈,还有跟曹愈经理的接触,我深深震撼于这家民营企业的发展速度和发展理念;更深深折服于庞学元董事长、庞理总经理的对员工、对顾客、对国家的责任感,以及基于他们的顾客为本的家国情怀企业价值观下,企业的茁壮成长和稳步发展,因此很想把我的所见所闻所思集结出来,不仅是这么多年对大信企业追踪给自己的一个交代,更想把这一优秀企业的案例与大家分享,希望能引发大家更多思考,尤其希望更多的企业在发展中能够具有向善的理念,承担更多的企业社会责任,为消费者真正地创造价值,提高人民的生活福祉,成长为更优秀的民族企业。

这本书从构思到完成用了3年的时间,对企业的追踪和资料收集历经6年。数据和资料的主要来源有:(1)从2016~2020年对庞学元董事长、庞理总经理、李电萍馆长不下20次的深度访谈和录音;(2)从2016~2021年带领学生走进大信企业认知实习中留下的影音数据和访谈数据;(3)写作小组成员于2018~2021年多次走进大信,以及两名小组成员于2020年2~3月在大信实习,与大信员工同吃住,观察和访谈的数据；(4) 大信网站、新闻媒体、大信家居系列公众号、庞学元、庞理以及几名大信员工个人微信号公开数据。书稿共包含七章内容：第一章大信家居的善念起源；第二章大信家居的二代传承；第三章大信家居的顾客执念：为顾客创造价值；第四章大信家居的顾客执念：为员工和经销商创造价值；第五章大信家居的顾客执念：大信博物馆聚落；第六章大信家居的家国情怀：绿色营销与社会责任；第七章大信家居的企业向善。

  本书能顺利完成，首先要感谢工商管理学院对完成本书项目的支持，没有学院联系实习基地的机会，也就没有后面与大信的深度接触，就没有可能去发现郑州本土有这么优秀的企业，尤其是工商管理学院的牛全保院长，在我心中他既是领导也是师长，感谢他榜样的力量和在完成书稿中给予的督促和帮助。其次要感谢郑州大信家居庞学元董事长、庞理总经理、李电萍馆长、常青部长这么多年在我带领学生认知实习企业过程中提供的便利，以及多次访谈中提供的大信一手数据，没有你们的国家情怀和踏踏实实做企业的精神，也不可能有这么好的案例素材供我们去研究；最后要感谢我带领的学生团队成员，他们参与了部分数据收集和调研，多次走进大信，尤其崔加利和董志楦两位同学利用假期专门在大信工作实习了一个月，进行了深度访谈和资料收集。还有我的研究生刘莉莉、马浩翔参与了部分撰写和统稿工作。感谢其他团队成员的努力和付出，他们是吴学龙、申雨溪、李亚雯、张乐康、秦梦圆、陈佳、张荟珂、张雪丽、黄巧露、肖伟、刘晨晓。

  鉴于作者水平有限，虽竭尽全力，但难免有许多瑕疵和不足，望同行和读者多提批评斧正。

目　　录

第一章　大信家居的善念起源 ………………………………（1）

　　第一节　庞学元的成长足迹 ……………………………（1）

　　第二节　庞学元的家国情怀 ……………………………（6）

　　第三节　大信家居发展史——庞学元的抉择 …………（13）

　　第四节　本章后记 ………………………………………（16）

第二章　郑州大信家居的二代传承 …………………………（18）

　　第一节　二代传承的意义 ………………………………（18）

　　第二节　勇挑重担 ………………………………………（24）

　　第三节　大信的二代传承 ………………………………（29）

　　第四节　本章后记 ………………………………………（36）

第三章　大信家居顾客执念：为顾客创造价值 ……………（39）

　　第一节　大信的营销向善理念 …………………………（39）

　　第二节　顾客执念：为顾客创造价值 …………………（46）

第三节　打破传统营销模式　让营销年轻化 ……………（53）
　　第四节　本章后记 ……………………………………………（55）

第四章　大信家居顾客执念：为员工和经销商创造价值 ………（58）
　　第一节　大信为员工创造价值 ………………………………（58）
　　第二节　大信家居顾客执念：为经销商创造价值 …………（65）
　　第三节　大信、经销商与顾客，三方互惠共赢 ……………（74）
　　第四节　本章后记 ……………………………………………（76）

第五章　大信家居的家国情怀：大信博物馆聚落 ………………（78）
　　第一节　中国厨房博物馆及其承担的社会责任 ……………（79）
　　第二节　中国家居博物馆及其社会责任 ……………………（91）
　　第三节　非洲艺术博物馆及其社会责任 ……………………（102）
　　第四节　大信的华彩博物馆和当代艺术博物馆 ……………（119）
　　第五节　本章后记 ……………………………………………（133）

第六章　大信家居的绿色发展与社会责任 ………………………（135）
　　第一节　绿色制造 ……………………………………………（135）
　　第二节　绿色营销 ……………………………………………（139）
　　第三节　大信企业社会责任对消费者购买意愿的影响研究 …（149）
　　第四节　本章后记 ……………………………………………（169）

第七章　大信家居的企业向善 ……………………………………（171）
　　第一节　企业向善的背景 ……………………………………（171）
　　第二节　大信的企业向善 ……………………………………（177）
　　第三节　本章后记 ……………………………………………（193）

参考文献 …………………………………………………………（196）

第一章
大信家居的善念起源

> 我确实相信品牌向善主义,因为我想要一个更美好的世界。品牌向善主义是解决你的客户、国家和星球所面临的紧迫问题的方式之一。
>
> ——菲利普·科特勒(美国 现代营销学之父)

企业的价值观往往决定了企业发展的上限,而几乎所有经得住时间考验、历久弥坚的企业,都秉承着向善、向上的价值理念。2019年5月5日凌晨,马化腾在朋友圈宣告:"科技向善",重新定义了腾讯的企业愿景与使命,这个看似平平淡淡的宣言,却开启了一个企业价值观引领企业发展的新时代。

第一节 庞学元的成长足迹

有句话说得好,"每个成功企业家背后都有一段经历不凡的人生"。庞学元在小的时候,也可称之为一位神童,9岁开始学习画画,16岁就参加了全国成人美展。当时成人美展要求最低年龄就是16岁,而且这种级别的美术展览并不是那么容易参加的。它对参展人的艺术水平要求很高,很多大学老师甚至教授都没能参加,庞学元却以最低参展年龄参加了这次展览,可见其在美术方面的天赋卓越。

之后报考中央美院,当时中央美院油画系每年只招收8个人。第一次考试，由于外语成绩导致落榜，于是庞学元决定第二年继续考。他留在了北京，每天去故宫写生练习画工。某天，庞学元画到太和殿旁边的一个大铜缸，觉得非常漂亮，深深被铜缸上面祥兽的造型和形态所吸引，不由得看出了神。但是后来经过自己观察，发现上面有一些错综复杂的线条，极其影响整体美感。本以为是自己的艺术造诣不够深，无法理解，于是陷入了沉思。这时正巧一个导游正在给游客们讲解这个铜缸，原来这些条纹并不是铸造者自己弄上去的，而是被八国联军破坏的。原来铜缸上有一层镀金，由于太重搬不走，那些侵略者就用刺刀把上面的金子一刀一刀刮了下来，那些线条都是当时留下来的痕迹。由于小时候受过的教育，从小就有立志报国的志向，于是从那时起，庞学元心中就升起了一个疑问——怎样才能为国家做出更大的贡献，让我们国家不再受外国人欺负。

回到家里后，庞学元就一直思考这个问题。为什么我们建造了那么硕大的一个宫殿，还是被别人欺负，让别人压在头上。由于父母都是从事商业的，于是庞学元也想往经商方向走，也想赚钱，想搞技术，这样才能为国家做贡献，才能拯救以后的那些"画"。于是他放弃继续考中央美院，直接参加了工作。

一、如此"一帆风顺"

凭借自身的优秀美术造诣，庞学元轻易就进入了当时的开封百货大楼工作。因为美术功底较为扎实，于是单位安排他做美工，做一些产品的宣传画，这些工作对他来说非常轻松，很快就能做完，然后他就会趁着空闲的时间去下面的店面帮帮忙。对于当时的做法，庞学元是这样解释的："当时我到下面的店里去帮忙，我觉得可有意思了。心里有两个情况，一个是遗传，另外一个就是心里有一股劲。"

在百货大楼工作的那段时间里，庞学元每天很早就会到单位，先把公共卫生打扫干净，然后再把茶水给大家提前泡好。等大家都来上班的时候，他已经把一切都收拾妥当。正是因为他这股认真劲，拼命工作，让他在18岁的时候就当上部门经理，就在那一年，庞学元在河南省五大百货大楼小指标竞赛中获得了全省第一的成绩。在他19岁的时候，又靠着流动指标突出当上了百货大楼的副总。也可能是感受到了学历带来的差距，也可能是想储备更多的知识，此后庞学元就努力考上了中国第一届电大，也是中国企业管理的第一届。回忆起在电大那段日子，庞学元说道："那段学习时光非常苦，电大没有教材，也没有专职老师，大家都是通过一个17寸的黑白电视机一块学，电视信号不稳定，经常有雪花干扰。而更加不容易的是，如果有三次考试不及格，就会被取消学籍。"同年考上电大的有187人，最终只有包括庞学元在内的14人顺利毕业……

毕业之后，他又考上了河南大学的研究生，继续储备知识。也正是接触到的知识不断增加，庞学元才慢慢意识到当时百货大楼存在的问题，于是在他29岁的时候，便辞职离去。29岁的庞学元已经是一名国家干部，也正值事业巅峰期，但他毅然决然地离去，可见其勇气和胆识。

二、抉择

辞职之后，庞学元凭借自身的画功基础，对于设计图这种事情算是手到擒来，于是就打算做一个装修公司。和爱人商量过后，他拿着仅有的6000元开始了创业之旅。由于对设计比较了解，所以往往能够接到一些技术水平较高的项目，就像给亚细亚这种大商场做设计装修。在商场装修的这段时间里，亚细亚的总经理王遂舟曾经找到庞学元，想让他给亚细亚做策划。在那个年代，老百姓都是凭票买东西，卖东西的人很牛气，当时国家政策刚刚调整，买东西已经不用再凭票了，但大家的思想意识还没完全转变过来。于是他就跟王遂舟总经理说，亚细亚商场内部能不能做一个手扶电梯？当时全国还没有。还有就是，商场门口能不能安排人欢迎顾客，给顾客敬礼？商场门前能不能建一个喷水池子？等等，王遂舟都同意了。也正是凭借着这些大动作，亚细亚一下子就火了起来，全省甚至全国的人都来亚细亚买东西。

就这样，庞学元赚下了他的第一桶金。之后他开始为全国各地的商场进行设计，如北京亚细亚、漯河亚细亚，还有当时的五彩大世界。在此期间，王遂舟先生曾经邀请庞学元去北京亚细亚发展，但庞学元有他自己的理想和抱负，于是就委婉拒绝了。做完了这些，庞学元就想要做实业，因为他想起上学时候老师教他们的一句话"经济基础决定上层建筑"，在深思熟虑后，他选择了工业。

但工业这么多种类，到底要做哪个呢？这成为庞学元头疼的问题，于是他带了十几个人进行了市场调研，最终选择家居行业。主要有以下几个原因：

第一，家居行业的总体规模和汽车行业差不多，甚至比汽车行业还大一点，但汽车行业已经是万亿元的市场了，而家居行业的整体规模还很小，二者之间差那么多，这是不是机会？后来，经过进一步研究，发现几乎每个家庭都需要定制家居，但定制是反工业化的，这就造成了一个很大的矛盾。能不能解决这个矛盾？如果能解决，那就会成功。

第二，顾客有没有需求？答案肯定是显而易见的，即使到现在，装修问题也是家庭矛盾的主要来源之一，为什么？因为他们的需求很难得到实现。如果能够定制化安装家居，充分满足消费者的需求，那么消费者就会很容易选择该企业。

第三，家居定制行业还有一个好处，那就是不缺资金，都是顾客先交钱。所以家居定制是一个不缺钱的好行业，而且前途无限。

第四，家居行业还没有被洗牌，当时全球有一万亿元左右的产值，但是没有一个超过五十亿元的企业。如果能够做成一个品牌，把它做大做强，就能走在行业前列。

经过如此考虑，庞学元认为家居行业是一个值得进入的行业。但是家居行业也可以细分为很多的产品，那么该从哪种产品出发进入家居行业呢。在经过一番抉择后，庞学元毅然决然选择了橱柜，一是因为相对来说橱柜用钱较少，对于创业初期来说经济压力也较轻；二是因为一般家庭对橱柜的要求高，这里既有水也有电，还有煤气，还得抽油烟，里面还得放食品，有上水还得有下水，而且开关的次数比较多。基于每个人的需求不同，所以橱柜必须要定制化，但是想要大批量生产，就需要实现工业化。这不仅是橱柜所需要解决的问题，也是所有家居行业都需要解决的问题，只不过相对来说定制化橱柜则更加困难。但是对于庞学元里说，他愿意，他想要挑选最难的，把最难的攻克了，剩下的路就很简单了。

于是庞学元着手成立了河南省大信整体厨房科贸有限公司，经过20年的发展和业务扩张，变成了如今的大信家居。

三、书中智慧

古语言"书中自有黄金屋"，书中的智慧是无穷无尽的，都是前人在研究世间万物时总结出来的经验，若是能好好理解并加以应用，就必然会受益匪浅，少走许多弯路。

将《第三次浪潮》通读15遍的庞学元，从中领悟到了信息化的重要性。于是在大信初创的时候就在心中埋下了一枚种子。大信初创的那个年代，互联网的普及率远远不及现在，更别说信息化的概念，知道的人寥寥无几。但那时候的庞学元就开始利用所学的数理统计知识学着搜集信息、分析信息、利用信息，为大信后来的信息化系统奠定了良好的基础。

除了西方的著作，庞学元对中国的《易经》也颇感兴趣，理解了"硕相易理"的道理后就决定开发属于自己软件。在2005年，开发属于自己的独立软件也算是比较前瞻的思想了。

而这个软件就是大信家居"梦模块"的核心组成，所谓"梦模块"灵感来源于汉字，中国有5万多汉字，经常使用的只有3500多个，但拆解到最后都离不开8个笔画，这8个笔画就是汉字的标准模块。基于此，模块化定制就是在基本层面找到构成最大公约数或最大公因子的家居要素模块，然后用这些有限的模块去组合成无限可能的定制成品，就如同乐高的积木块一样可以拼接出不同的造型。以家居视角看，"模块化"就是将标准化、通用化的零部件进行组合，就像组装汽车零部件一样安装家居部件，实现家居多样化。大信通过收集10万个家庭数据，归类出6000多种国人喜欢的经典套型，总结出2800多个标准模块，而这些模块生成的数据存储于大信家居云计算中心，将来消费者选好款式、色彩、材质，云端可1分钟出效果图，然后指令发送到智能生产线上快速生产，4天就可以出货。

除了这些知识，庞学元还从书中学到了许许多多的智慧。而正是这种知识积累，庞学元才从一开始就想建立一个中国厨房博物馆，他不惜耗费20年的时间去收集大量文物供人们参观、了解和研究，因为他知道这不仅是为了他自己的企业，更是为了整个中华民族的文化传承。

书籍是有限的，知识却是无限的，而面对同一本书、同一句话的思想和见解更是无穷无尽的。庞学元在书中不仅学到了知识，知晓了企业的发展方向，更是从书中学到了智慧，管理企业的智慧，提高公共福祉的智慧。

第二节　庞学元的家国情怀

《孟子》云："天下之本在国，国之本在家，家之本在身。"家是国的基础，国是家的延伸，在中国人的精神谱系里，国家与家庭、社会与个人，都是密不可分的整体。"国家好，民族好，大家才会好"，"小家"同"大国"同声相应、同气相求、同命相依。正因为感念个人前途与国家命运的同频共振，所以民营企业要主动融家庭情感与爱国情感为一体，从孝亲敬老、兴家乐业的义务走向济世救民、匡扶天下的担当。家国情怀宛若川流不息的江河，流淌着民族的精神道统，滋润着每个人的精神家园。

一、方向与理念

家国情怀，与其说是心灵感触，毋宁说是生命自觉和家教传承。无论是《礼记》里修身齐家治国平天下的人文理想，还是《岳阳楼记》中"先天下之忧而忧，后天下之乐而乐"的大任担当，抑或是陆游"家祭无忘告乃翁"的忠诚执着，家国情怀从来都不只是摄人心魄的文学书写，更关乎你我内心之中的精神归属。那种与国家民族休戚与共的壮怀，那种以百姓之心为心、以天下为己任的使命感，就来自那个叫作"家"的人生开始的地方。

庞学元在一次访谈中提道:"就托夫勒的《第三次浪潮》,读了 15 遍,我知道咋回事了,咱们国家的伟大文明,再向前推 250 年,世界我们最好,最整齐,最完整,最系统,而且从来没有断过,还有向心力,所有的民族都不像我们这样"。

从庞学元的经历中我们可以知道,少年时代因为在故宫得知那些古董文物被八国联军破坏,而愤怒地摔笔弃画。回去之后一直思考如何做才能让中国变得更加强大,不再受人欺凌,不再有优秀作品被破坏。在那个时候,年轻的庞学元身上就体现出了作为一个中华民族子孙的强烈责任感和使命感。于是,那时的庞学元就在心中埋下了一颗小小的种子,没有人知道这颗种子最终会长成怎样的参天大树,给予社会一片绿荫。

等到步入社会之后,庞学元凭借自己的天赋与顶在胸口的一股子拼劲,很快得到了职位的提升和一些卓越的成就。但随着年纪与阅历的增长,他也越发察觉到在百货大楼工作的弊端,这时他突然发现自己已悄然站在了一个人生的十字路口——是继续勤勤恳恳的安稳工作,享受自己的成就与光明未来,还是追寻小时候种在心中已然默默长大的那棵小树,在飘渺的人海中描绘自己的新天地。一边是安稳的未来,一边是小时候留下的抱负,最终为了实现自己的抱负,走到自己想要到达的高度。庞学元选择在 29 岁,也就是从他多年打拼才达到的事业的顶峰期离开去创业。

1999 年,怀揣梦想的庞学元在全国各地奔波了四个月,最终确定了未来要走的道路,在回忆中他这样说道:"我干这事之前调查了四个月,全国各地跑,跑完了之后,最后有 15 天我没出门,我把我那些想到的东西全部列出来了。你比如说心系顾客,用心去做中华民族的好子孙这是企业宗旨,全世界那么多人需要物美价优的产品,这是人类美好的愿望也是大信的使命。"

在问及他当时是否迷茫时,庞学元目光如炬地说道:"不迷茫,我找到了,我认为这个方向是对的。很坚定,非常坚定,信息化和工业化结合。"

在创立大信之初,庞学元就秉承着"全世界大多数人都需要物美价优的产品,这是人类特别美好的愿望,这也是大信的企业使命和崇高理想"的这种理念开始经营公司。用庞学元的话说就是:"折忠臣与孝子之门,制作自己的份额,只做自己的份额,没有欠款,为顾客创造价值,为员工创造机遇,就当是我们写的像'企业宪法'一样的一个东西,然后一直沿着这个精神来走,解决问题的方法是设计。"庞学元认为大信是一家不着急赚钱的企业,与行业内其他的企业不同,大信从来没有做过宣传,没有找过代言人,唯一一次拍摄广告还是自己家五口人亲自拍的。庞学元对此说道,他们要极力地去节约成本,优化设计和加工,精准优化每一个成本控制节点。保证最大的让利给广大消费者,让消费者和大信一起共享科技进步带来的好处,保证消费者购买产品时脸上能够洋溢出最真挚的笑容。有一位大信的经理曾这样评论:"我们的企业里面,都是把顾客当父母,把员工和供应商当亲人。父母有什么问题我们都可以帮他们解决,但是你对父母的那种爱不能变,怎么做都不逾过那个'孝',所以我工作这么长时间的体会,就是把顾客当父母,把员工和供应商当亲人。"

二、纪律与感情

在大信诞生之初与企业理念伴随而来的还有公司的两条铁律,第一个是禁止吃回扣,不管职位高低关系远近,一经发现立即开除;第二个是从大信离开之后不准回来,庞学元的原话是"天大的本事,只要离开我这个门,你都走彻底,我也不会再请你,我不做这个事我也不请。"

吃回扣是几千年以来封建社会治理方式形成的传统。我国国土辽阔人口众多,即便是历史上的分裂时期,每个割据政权的管辖范围依然宽广,更不必谈大一统朝代。古代中央政府是无法有效治理社会所有阶层的,尤其是基层。因此为了维护统治,政府必须让度部分权力给中下层的代理人,比如城市里的各种行会、农村里的大小地主。由上层下拨的各种资源也必须经由这些代理人进行再分配——资源要从他们手上过,就必然会发生侵占、挪用、损耗;而同时这些代理人也要负担替政府征税、征徭等任务,这个过程同样必然发生截流、浮收、加派。即使时至今日,回扣问题也依然是各个大小企业都面临的问题,而绝大部分企业都只能选择睁一只眼闭一只眼，但庞学元坚持秉承忠与孝的思想，"偷自己亲人粮食"的事，他不干，也不能忍。

庞学元讲规矩，但是也同样重感情，用人不疑。曾经有员工来请12天病假，庞先生一口答应下来，病假条都没有拿，并且一分钱不扣。庞学元愿意相信自己的员工，就像对待自己的亲人。还有一次一位要好的供货商至亲逝世，庞学元带着自己的妻儿驱车数百公里前往吊唁，并且行大礼，那位供货商看在眼里，记在心里。日后还在大信遇到危机时慷慨相助，正是这种拿员工和合作伙伴当亲人的感情，将整个大信紧紧地联系在一起。也有人曾向庞学元提问过员工忠诚的问题，庞学元是这样回答的：（提问者）假如你的张厂长带着他所有的工人都跑了，你不害怕吗？（庞学元）也不是不害怕。他根本就不跑，孔雀都不跑，野的都不跑。把员工和供应商都当家人，把顾客都当父母，他会跑吗？就是你真心对他，他怎么会跑呢。（提问者）那假设真的跑了怎么办？（庞学元）他跑不了，我要知道他跑我这上面早给它加"笼"了。这就是牧心，放牧的牧，心灵的心。制度最好没有或越少越好。到我们公司，你发现地上有个纸的都很少，我们也没规定，谁扔纸谁罚款，从来没有这样规定过。像以前大学还有这样的规定我们这都没有。我们有的地方还没有垃圾桶，没有垃圾桶，就手里拿着。我们有个规定，谁看到垃圾，党员在党员捡起来，群众和党员在一起，还是党员捡，不能批评人。干部和群众在一起干部捡起来，这是我们公司的文化。没有文字规定，我都亲手拾，哪个孩子擦鼻涕扔下纸，我都亲手拾，他这一辈子都记得住。

在企业中，庞理也从来没有端过架子，在采访中谈及工作，庞理是这样理解的："我觉得在这里工作，有和我父母在一起的感觉，我觉得当有一天他们两个真的不在了，我在这个岗位上，依然有和他们在一起的感觉，当初就是这种感觉很浓，因此想了解他们，是出于这个初心去做的，之后随着年龄的增长，工作的深入，这个心态就变成了为什么而改变自己，就是要心有所梦，大信本身就成为一种梦想的符号，承担的这种责任、成就和爱，我们父子之间，就不仅仅是孝的问题，在封建时代就是孝上升到忠的问题。我就把这当成自己的事业，没有说我是来打工的，我负责这个事情我就要把这件事情做好，我不干好我的一生就体现不了什么价值,对我们来说这个公司的工资也够高了,就不用考虑钱的问题了,只考虑活的追求价值了,我能不能体现我的精神追求,我能创造点什么价值,我能为顾客带来点什么"。

这样的企业文化已经无形之中渗透进公司的每一个角落,渗透到每个人的心里去了。在这种企业文化的沁润下,大信的发展步伐稳健而迅捷。多年前,大信的各项指标就均已超过上市要求,但是庞学元始终没有让大信上市,对此,他在某次采访过程中列出了两个原因:"第一,我们在家居设计这个体系当中并不缺钱,顾客先给钱,是不是?第二,假如搞金融,你像那个好多的老板,一上市,过去他那个厂就值三四亿元,三亿~四亿元,一下现在涨到 80 亿元,过去天天勤奋的去工作,为顾客设计东西,现在天天跑马拉松,这个资本的属性啊,有时候要认清他,资本的属性没有中国人的君子之道,没有人文主义精神,中国发展这么快,一定有中国的人文主义精神,有中国的君子之道,比如说集体主义精神,为了治雾霾我们都停工回家,没有一个人闹事的,对抗政府的,没有,这就是中华民族优秀的传统。"

三、家国情怀

庞学元多年苦读深耕,慢慢地建立起了自己的理论体系,他认为过去西方的一些理论体系是错误的,比如说把顾客当上帝,而大信把顾客当父母,为什么呢?因为西方的理论体系是从渔猎文明走上了现代化,我们是从农耕文明走向现代化和工业化的,这两个文明的根源不同,自然最后的表现形式也不尽相同。

不仅如此,庞学元还花费了 20 年时间去建立厨房博物馆,这期间不断从民间搜寻文物,花费的金钱更是不计其数。厨房博物馆建成之后,他选择了免费对外开放,每年接待 37 万人次。大信将自己全资的两家景区和博物馆变成公益性项目,成为国内外学者专家文化交流的中心和中小学生教育基地,2013 年 9 月还独立承办了"中国第一届厨房文化节"。

除了厨房博物馆,大信还斥巨资从国外购买了非洲博物馆并将其搬到郑州,其馆藏文物达到了七百余件,文物是文明的物证,艺术是生活的表现。非洲艺术是人们依然可以触碰到原始文明的余温,弥足珍贵。它是现代艺术的母亲,人类的始祖,我们从中可以看出几家索伯拉克现代艺术大师的灵感源头,还看到唐老鸭、黑豹、哥斯拉、蝙蝠侠电影的原型。

人类要想向未来看多远,就需要向过去看多远,而作为人类文明起源的非洲,肯定有很多我们未能挖掘的价值。庞学元认为,非洲雕刻艺术是与宗教民族社会意识相互融合的结果,是延续文化的载体,雕刻作为非洲的公共符号,它体现了原始部落的社会教化与价值认同,它超越了审美的意义,它就是生活的本身。它使我们打破了古典文明,这点非常重要,推动了现代文明的革命,使我们感受到原始文明余温的同时,更体现出了人与自然神灵的对话。研究非洲艺术的目的是立足于当前的工业化、智能化、现代化的新时代,从原始文明找回初心,再造新文明,服务新时代,为建立人类命运共同体提供方向平衡。

把博物馆引进国内之后,大信的非洲艺术博物馆就成为全国最大的非洲艺术博物馆,而且是免费对外开放的。在问到这个博物馆对大信这个企业有什么影响时,庞学元一口否定了我们的问题,他说:"不是对我们,它对整个世界的家居行业,其他行业和科学界都有启发作用。"博物馆开放之后,不少企业的管理者纷纷去参观学习,而大信也无一例外表示热烈的欢迎。

庞学元表示未来他们将建造一个色彩研究中心,目的就是补足中国青少年在色彩教育这部分的缺失。我们从历史中发现秦人崇黑,但是欧美国家认为黑色代表死亡;中国人认为白色代表死亡,而西方认为是纯洁;中国人认为红色代表喜庆,西方认为代表灾难。这些和它的色彩崇拜,原始崇拜就是地理决定论。地理的颜色、过去的生物,包括人的文化氛围都不一样,所以我们需要进行深入的研究。但纵观历史,比如说中国人喜欢红色,但各个朝代的红色却不尽相同,秦汉唐宋的红色相似却不同。所以对于各种颜色我们要提取,提取以后找到这个动线,这就是流行的一个趋势。中国的文字实际上背后都是一幅画,都是唯中国所特有的,我们的每一个文字最初也都是由一幅画提炼出来的,所以才叫象形文字嘛。带过孩子我们都有这种感觉,当孩子呱呱坠地他是很自然的，但是他身上已经带着我们的基因了，当孩子还没有上学未受过外界信息的介入时，没有任何人教他绘画时，他拿起笔画的第一幅画就如同我们祖先的作品，因为他没有受到过教化，但是后来我们的画为什么逐渐一致，越来越大同小异了呢？是因为我们的教育体系，在潜移默化影响着每一个人，比如说你在中国你学国画，就有这种土壤，但是如果孩子想学油画，就会相对困难，因为没有那个土壤和文化背景。另外还有地理因素，比如说我们在中国旅游，自然而然的它就是一幅山水画，当你到欧洲它就是一幅油画。

地理决定了一个人的文化归属，这些东西我们都需要切实去研究，中国人要追求我们自己的东西，这样才能推进中国人建立起文化自信。我们过去错失工业革命的机会，就觉得国外的什么都好，你看我们现在的"九零后"，我们的"零零后"，似乎更爱国，对中国本土的东西好像更痴迷。为什么呢？因为国家行，国家强。一次采访中，李电萍馆长说过："比如在过去，前几年就是米兰有什么，意大利米兰家具展流行什么，我们国内第二年就流行什么。但是这两年就不一样了，因为'九零后''八零后''七零后'成长起来以后，对中国的自信心增加了。特别是新冠肺炎疫情之后，人们在死亡面前显得特别无助。当渺小和无助时，人的感觉不同，在很大程度上是文化认同不一样。2021年春节以后这段时间，据大信的大数据发现，大信的家居销售中新中市家居的销量上升了23%，而欧式家居的销量则下降了32%。也意味着新冠肺炎疫情对人的精神思想有了影响，这个是一个转折点，或者是可以说是一个分水岭。大信想做一家长久的中国品牌，想把更多的中国传统文化展现给广大消费者。"

关于色彩研究中心的建立，李电萍曾这样说过："按照道理来说，博物馆我做一个专业的供研究就可以了。但是我们就觉得，色彩教育很重要，这种教育，这种素质是需要提高的。不能说我们生活的方方面面都要让国家来负责，每个人做一点，众人拾柴火焰高。对于这个色彩研究中心，我们想怎样做，我们自然而然地就会怎样做，我觉得这样挺好的。"可以说无论是博物馆还是色彩研究中心，都不完全是为了大信这家企业而建造，也为了坚守民营企业的那份责任和家国情怀。

讨论起这样的国家情怀时，庞学元说道，作为企业家应该有这样的家国情怀，创新科技，用企业的专业高水准为顾客创造价值，是件非常光荣的事，顾客就会尊重你的品牌，赚钱不应是企业的全部目的，担当相应的社会责任才更有意义，大信不仅要把企业打造成世界领先的家居制造企业，而且要在文化建设上为国家更多的做贡献。

第三节 大信家居发展史——庞学元的抉择

1999年，大信家居成立，主营定制家具业务，先从整体橱柜着手，并探索实现定制家具大规模个性化模块化生产的路径，开始进行了原始数据的大量收集。

2004年，由整体橱柜，进一步延伸到厨房电器，将吸油烟机、燃气灶、消毒柜等厨房电器品类纳入大信的产品体系，在中国首推整体厨房概念，实施厨房以及厨房电器一站式购齐。

2005年，大信家居通过收集10万套原始整体厨房方案大数据，整理生成380个模块，成功找到定制产品大规模个性化定制的密码，破解了定制产品在生产过程中的成本高、效率低、出错率高以及规模生产难的四大国际性难题，并自主研发独立软件，率先实现信息化与工业化的深度融合。

2008年，品牌专卖店数量突破500家，厨房电器全部实现自有品牌，参与整体厨房的国家标准制定，并获得标准制定杰出贡献奖。

2009年，品牌市场需求不断扩大，二期生产基地开建。

2010年初，二期生产基地建成投产，大信家居首次被评选为：中国橱柜领军企业十强。在行业内率先开展"工业旅游"模式，大规模组织消费者到工厂进行全过程参观体验购买，并取得成功，开创大信体验式营销、文化营销的营销模式。

2011年，产品链增加净水器；历时12年筹划建设的中国首家厨房文化博物馆正式对外开放，馆藏国家级以上文物超过3000件，成为国内外研究中华厨房文化的基地。

2012年，成立工业设计中心，以中国厨房文化博物馆作为基础研究平台，从中华传统厨房文化研究入手，实现中国定制产品的原创设计。

2013年，市场不断扩大，专卖店数量突破1000家。并且成功承办"第一届中华厨房文化节"，成立企业技术研发中心，企业三期综合体项目开始实施建设。成为整体橱柜售后服务行业标准主要制定企业。

2014年10月，企业三期项目建成，产能进一步得到满足，且根据市场需求推出另一定制家具产品：衣柜。与此同时中国厨房文化博物馆二期（专业馆）建成，馆藏文物超过5000件，供企业研究中国人烹饪行为习性的历史大数据进一步丰富，并成功承办中国橱柜行业年会，大信的行业知名度和地位进一步增强，当选全国工商联橱柜专委会执行会长单位，再次被评选为：中国橱柜领军企业十强。

2015年，企业专卖店突破1500家，企业技术积累成熟，市场需求开始扩大，企业果断开展全屋定制业务，实现整体厨房全屋定制的家居业务全覆盖，并成为全屋定制行业标准的主要制定企业。原创设计产品获得中国工业设计最高奖红星奖以及中国整体厨房行业产品设计最高奖金勾奖金奖。

2016年，大信"互联网+"智能制造得到国家认可，国家工业和信息化部苗圩部长亲自到企业调研并给予高度评价。大信代表定制家居行业参加在杭州举办的首届世界工业设计大会，受到马凯副总理的关注。代表中国定制家居行业参加在欧盟总部布鲁塞尔举办的世界绿色家居大会，并发表主题演讲，为中国绿色设计发声。再次被评选为：中国橱柜领军企业十强。

2017年，获评国家工信部"智能制造试点示范项目企业"以及"服务型制造示范企业"。企业被认定为国家高新技术企业，产品原创设计获得国际设计界"奥斯卡"大奖红点奖，实现河南62年来红点奖获奖零的突破，成为行业获得"红点奖、红星奖、金勾奖"三大设计大奖大满贯的企业；为了满足未来更大的市场需求，打造百亿元级企业，大信开始投资建设原阳500亩全屋定制智能制造工业园，并打造成4A级工业旅游景区，接待游客超过30万人次。

2018年，大信模式被清华大学纳入中国工商管理案例中心，且作为哈佛大学的共享案例。2018年11月，企业入选在中国国家博物馆展出的"伟大的变革——庆祝中国改革开放四十周年成就展"，是中国家居行业唯一入选企业。董事长庞学元入选中国家居业名人堂，企业荣获全国工商联家具装饰业商会科技进步奖；斩获国际设计大奖——TIA原创设计品牌大奖；被评为中国轻工业信息化百强企业；入选2017～2018年中国家居十大品牌；大信家居CEO庞理当选全国工商联青年企业家委员会主席团主席；大信成为国家定制家居产品安装服务规范标准主编企业。

2019年，大信家居亮相"2019世界工业设计大会暨2019国际设计产业博览会"；大信家居CEO当选中国五金制品协会副理事；被工业和信息化部评选为国家级工业设计中心；大信家居成为国家定制产品安装服务规范主编单位。

2020年，大信家居CEO庞理被评为中国家居行业青年榜样；中国工业报"基石奖"评选中大信家居首创"易简"大规模个性化智能制造模式，成功荣获"数字化转型卓越成就奖"；大信家居被全国工商联家居装饰业协会评为中国家居业高质量发展示范企业。

创建了大信·家设计工厂HOME DESIGN FACTORY，业务涵盖了家居产业大数据服务、文博旅游、工业设计服务、智能制造观览、科研游学等。并与中国联通签订"5G+工业+文博旅游"战略合作协议，成为家居行业首家全面布局5G技术应用的企业。

2021年大信博物馆聚落建成。大信博物馆聚落由大信家居投资兴建，占地56亩，毗邻大信家居总部。该聚落主要包括郑州大信厨房博物馆、郑州大信明月家居博物馆、大信非洲木雕艺术博物馆、大信当代艺术博物馆、大信华彩博物馆、国家工业设计中心美好生活体验场等，共35000平方米，是国家AAA级旅游景区，免费对公众开放，年接待能力达240万人次。成为大信服务社会，深度挖掘中国传统文化和传播非洲文明、启迪现代工业灵感的美好基地，也构成了大信工业旅游核心内容和板块，引流顾客，传播大信文化的一个活招牌。

2021年郑州大信工业设计园区被评为2021年度中国设计产业100强十佳设计园区。

2021年12月，河南省现代家居行业产销对接会在大信家居举行，行业内多家企业代表出席大会，共同助推产业链深度协同发展。郑州大信家居发挥产业链盟长作用，带动河南家居整个产业链升级和发展。同月，庞学元被评为第四届郑州市非公有制经济人士优秀中国特色社会主义事业建设者暨出彩郑州人。

第四节　本章后记

笔者对庞学元有着非常深刻的印象，每次去大信能从他的语言和举止行为中感受到他对自己所创办企业的爱和自信，更深刻感受到他身上表现出来的对国家对员工对顾客的企业责任感。每一次走进大信访谈，他的笑容和演讲激情都深深定格在笔者脑海中，每次看到他都是满面笑容，每次讲解他总会说一句话："来，给各位汇报一下我们大信这些年都做了哪些事"，那种发自内心的底气和成就感，以及对自己所从事事业的热爱和自信程度溢于言表，且这句话总是能让你感觉到似乎大信也与你息息相关，给你的感觉就像你是大信的一分子甚至是领导来审核大信过关不过关，而这个掌舵人自信满满地向你汇报情况，你会被他对大信的热爱而影响，甚至会感动。

记得2016年一次在大信访谈，当时大信的生产基地还在郑州厂区，访谈时正好遇到大卡车拉货，庞学元说："每次看到一卡车一卡车我们的产品被运出厂区运送到全国各地千千万万户家庭时，我都备感欣慰，因为这意味着我们又给地球节约了多少棵树木。"当时对这句话还不能很好地理解，多年的接触和对大信进一步认知后，才明白庞学元的这句话里隐含了两个层次的含义：第一，大信的板材是实木颗粒板材，更多是用的碎木屑，比实木用更少的树木；第二，相比同行业厂家，大信的板材利用率高，同行业一般70%的板材利用率，而大信可以做到90%多，目前原阳生产基地，用材率已经达到97%，这样每年下来可以节约不少树木。用庞学元的话来讲："树木生长在地球上，本身不是为了让人类砍伐下来为人类用的。"第一次听到他讲这句话时，就有感于他对环境的那份责任，我相信他的朴素环境价值观在对大信的企业价值观、以及企业文化和品牌文化发展上都起到了决定性的作用，后期大信倡导和申请的绿色制造应该跟庞学元的环境价值观有着密切的联系。正如福耀玻璃创始人曹德旺说的："企业家必须有这样的境界和胸怀，国家因为有你而强大；社会因为有你而进步；人民因为有你而富足。"，从庞学元身上也看到了同样的企业家胸怀和责任，这是一个真正企业家所应具备的。

还有一次在访谈中我提到："您看您的企业做到今天的成就……"，他说："你错了，这不是我的企业，这是国家的企业是人民的企业……"，那是我第一次听到一个民营企业家说出他的企业是党和国家的，是人民的，这种大我精神和家国情怀在他身上体现得淋漓尽致，一个对国家对人民时时刻刻抱着感恩的心情来经营企业的老板，他本身怎会不令员工顾客所信服？企业的方向又怎会跑偏？企业又怎会不发展？

2021年6月带学生又一次走进大信认识实习时，庞学元虽然很忙，但是听说学生们要过来，推掉了其他事情，亲自给大家讲解，他站在大信工业园区的演讲台上，戴着麦克风，下面几百号学生，都认真聆听。他说太喜欢学生，想把他的很多想法和做企业的方法分享给这些年轻人，期望对他们的理论学习有些帮助。那天我全程聆听，尽管很多内容我已经听过多遍，尽管演讲的内容庞董也已讲过多遍，但是你仍能看到他的演讲激情澎湃，演讲中他讲到，设计软件有两种，目前日本和德国都是分开使用，所以他们的效率低，而大信通过设计将这两种软件合在一起，提高了效率，并提高声音的分贝说："中国人不是没有软件，我们的软件就是世界第一"。那种对自己企业的自豪，对民族产业的自信，最受学生的爱戴，他对年轻人的期望也表现了出来，一个近60岁的老人，就像一个年轻的小伙子那么充满力量充满对未来的希望，我不知道学生是否被感染到，但是我是又一次听得很激动。他那份做事业的专注、对民族品牌的爱、对家国的责任，都深深令人感动。

不能否认，庞学元是聪明的，他有太多新的想法和思维应用在了大信家居的发展中，但更难能可贵的是他的那股"专劲"，为了把大信发展好，他肯钻研，大信的"易简"系统，"鸿益"算法都离不开庞学元的投入和用心。2019年大信家居作为全国40余家企业之一，入选在国家博物馆举行的"伟大的变革——庆祝改革开放40周年大型展览"。这个看似轻松的跨越，背后是大信家居发明的大规模家居个性化定制设计与智能制造系统在做支撑。

| 第二章 |

郑州大信家居的二代传承

家族价值观是家族企业成功的秘密武器。得到认可的所有者会专注于一套价值观和愿景，进而影响企业的战略可行性，这是分散的股东群体所无法比拟的。

——兰德尔·卡洛克（美国经济学教授）

第一节 二代传承的意义

一、传承

传承一般是指师徒之间传授和继承知识、技能、教义等的过程，泛指传授和继承前人的经验并发扬光大的过程。传承，似乎是中国人骨子里的东西。从古至今，我们一直都在进行着传承，传承文化，传承精神。传承，并不是简单的复制和保留，而是在新时代中给予其新的意义和内涵。

大信家居作为家居企业中的一朵奇葩，它超前的思想、优秀的企业文化和美好的愿景让它走上了一条与同行不同的道路，这条道路充满艰难险阻，但也成就了现在的大信。传承问题是家族企业所避不开的话题，人的生命是有限的，可是伟大的事业却是不会停止的。优秀的企业传承不仅能让企业更好地过渡，更能在新的潮流中乘风破浪，获得新生。

晁上（2002）认为家族企业的代际传承是企业的创始人将企业的所有权和经营管理权逐渐传递给接班人的过程，这个过程从继任者进入家族企业开始，到创始人完全退出企业、继任者接掌企业大权为止。黄锐（2009）认为家族企业的代际传承是指家族企业在代与代之间所进行的传递，集中表现为家族企业新老领导人的更替。

通过观察和分析我国目前已经进行传承的家族企业，可以发现他们大多数仍是采用了从家庭内部选择接班人的模式，并且更多地会选择自己的后代，即中国传统的"子承父业"。之所以出现以上的局面，主要有以下三个原因：一是由于我国家族企业的发展特性。在我国经济发展起步比较晚的情况下，大多数企业家子女都对企业的业务、管理等各个方面十分熟悉。这是由于大多数企业家在创业时都是从小规模开始，并且带着自己的家族成员包括自己的子女一起让企业越做越好，从而发展壮大的。这就促使子女对于父辈创业的不易有了一个更加深刻的感受，因此他们会更加珍惜父辈努力的成果，从而更加愿意接手企业，并使其在自己的领导下，继续发展壮大。二是由于受到文化的影响。对于中国人而言，家是不可替代的，而家人也是可以无条件信任的。所以中国人更愿意将自己经历千辛万苦一手创办的企业交到与自己亲近的人手里，在这种情况下子女就是最好不过的选择。三是因为市场上的职业经理人过少。就目前的中国劳动力市场而言，职业经理人寥寥无几。我国尚缺乏较为完善的职业经理人培训机制以及市场管理规范，应聘者与企业之间还存在严重的信息不对称，这就导致了企业家无法信任外部聘请的职业经理人。

二代传承中遇到的问题：

（一）与一代相比，二代接班后会更加偏好企业内部社会责任，同时减少对于企业外部社会责任的动力

现代企业理论指出，企业的利益相关者分为两类，其中企业内部利益相关者指的是员工和股东等；企业外部利益相关者则指的是与企业外部名誉、与政府以及社区等形成关系的群体。同样，企业的社会责任也分为内外两类，企业的内部社会责任主要涉及满足内部员工、股东利益等行为，而外部社会责任则与社会公益、环境保护等方面相关联。

邹立凯等指出，代际交接后，一代与二代间权利的转换并不意味着组织内认同或权威的顺利过渡，这两者是不同步的，这会造就二代接班后面临权威不够甚至"合法性"不足的情形，而这种"少主难以服众"的处境容易导致二代产生不同于一代的决策目标。

首先，由于二代自身权威性与一代相比较为欠缺，这就导致了二代在刚接班时难以能够真正控制企业。其次，从目前的社会反响来看，只要一提到"二代"，人们就会想到"富二代""不务正业"等带有贬义的词汇。最后，公司的所有权通常会在老一辈的子女中分配，即持有公司股份的大多是家族后代成员，且当所有权为家族后代共同持有时，家族成员之间的亲情将会变淡，家族成员之间更加在乎的是经济利益。这三个二代在接班后将会面临的问题，将会加剧二代的"速胜"动机，因此其需要通过达到经济目标从而使企业内部利益相关者快速获益，以此使自己掌握绝对的控制权，从而巩固自己在家族企业中的地位。但由于大部分企业外部社会责任行为无法快速为企业带来经济利益，仅仅能提高企业外部声誉，且回报周期长，因此二代会对相应的公益、慈善等企业外部社会责任行为进行规避，而更加倾向于能够使企业在短期内就能获利的企业内部社会责任。

除此之外，还有两个因素会影响到二代对于企业内部社会责任和企业外部社会责任的态度。首先是家族其他成员在企业中的涉入程度。当家族其他成员在其公司的涉入程度较高时，二代将会面临同辈竞争者对于其地位的威胁，因此二代的决策更多地会由非经济目标向经济目标转变。即二代会更加趋向于能够达成经济目标的企业内部社会责任行为，规避那些非经济目标的企业外部社会责任行为。其次是外部制度环境的完善程度。当外部制度较为完善时，它为一代在消费者心目中建立了企业的良好形象，为维护企业发展提供了一个良好的时机。而对于二代而言，较为完善的外部制度环境降低了其树立外部合法性的压力，因此为了实现快速控制企业的目标，二代更具有动机将资源从企业外部社会责任向企业内部社会责任偏移。

（二）家族企业二代传承抑制了企业创新

短视行为（myopia behavior）又被称为管理短视（managerial myopia），是指企业经理人为了满足短期绩效目标，对研究与开发、广告支出与员工培训等长期无形资产项目投资不足。由于中国家族企业代际传承通常并不具有完善的接班计划，二代在准备不充足的情况下接班，可能会选择通过进行短视行为来获得其在企业中的权威性，从而在企业中站住脚。二代在接任初期由于种种原因面临着权威性不够，难以真正控制企业的局面，因此他会较多关注能为企业内部利益相关者带来经济效益的短期目标，从而通过较好的财务绩效或股票市场绩效来证明其能力，这也就导致了二代可能会减少研究与开发的投入，即减少对于企业创新方面的关注。之所以减少研究与开发的投入，是因为这种措施一方面可以将资金投资于那些可以获得较高收益的短期项目，从而能够快速的提升企业业绩；另一方面，企业创新活动具有周期长、风险高等特征，其最终所能带来的价值也无法像短期项目一样被企业内部利益相关者感知。二代减少企业的创新投入可以降低企业所面临的风险，为企业内部利益相关者带来收益，从而稳定其管理地位。由于二代在接任初期更倾向于通过短期行为为企业内部利益相关者带去利益，从而维护自己在企业中的地位，因此家族企业二代传承将会抑制企业的创新。

二、传承的意义

（一）二代传承可以促进家族企业的多元化经营

多元化投资战略通常被认为是企业进行资源配置、分散风险、寻求新的利润增长点的重要方式，家族企业在二代传承过程中进行多元化战略调整也是保持家族企业竞争优势和家族永续经营的关键因素。

与日本和德国家族企业倾向于聚焦主业的传统不同，中国家族企业偏好于进行多元化经营。这是由于中国家族企业通常一开始是由创业者在某一个行业从一个小企业慢慢起步的，而当这些企业取得成功之后，创始人为了使得企业越做越大，他们通常会将自己之前积累的经验复制到其他的行业，从而进行多元化扩张。中国的家族企业家们就是在"初始创业——主业突破——多业扩张——主业偏废而多业不举"的重复中一代接一代的建立着他们的商业帝国。在这个过程中伴随着家族创始人的日渐衰落并退居幕后以及二代继承人的不断成长并走向台前。其中一代创始人深耕于前期的创业成功，而二代继承人则深耕于后期的转型扩张，即进行企业的多元化经营，这就是所谓的"创业的一代，转型的二代"。

就像前面提到的，二代继承人在刚接班时，会面临着不被认可，难以真正控制企业等问题，在这样的情况下其有足够的动机进行多元化经营从而获得个人威望以及相关人员的认同。由于家族企业是由创始人一手发展壮大的，家族企业的成功离不开他们的努力和付出，因此创始人在企业中的地位非常高，与此同时二代继承人想要在这种情况下快速超越一代，从而获得相关人员的认可是非常困难的。在家族企业中，人们会将一代的创业成绩以及个人成就确立为二代继承人的一个参照，而这个参照也正是二代在短期之内无法达到的。由于一代创始人在企业中拥有较高的威望，因此企业中的其他人员容易将企业所获得的成功归因于一代创始人，而将企业所遭受到的失败归因于二代继承人。并且，如果二代继承人只是简单传承了一代创始人的经营业务，当企业获得成功时，很难区分是一代创始人成功的延伸还是二代继承人单独的贡献。在这种情况下，开创属于自己的领地，在新的领域证明自己的管理能力，进行多元化经营则成为摆脱这种束缚并打破原有期待，构建自己在企业中的权威的选择。二代继承人可以通过进行多元化经营的方式避开与创始人之间在价值观、经营理念等方面上的冲突，避免与父辈直接比较。因此，二代传承可以促进家族企业的多元化经营。

（二）二代传承对企业经营有正面影响

一些研究发现二代进入企业管理对企业经营有正面影响。沃德（Ward，1987），贝尔、德雷克斯勒、福克纳（Beehr、Drexler、Faulkner，1997），卡布雷拉-苏亚雷斯（Cabrera-Suarez，2001）研究认为家族成员更热衷于投身家族企业的经营管理，以企业的发扬光大为使命，对企业拥有更高的忠诚度，有利于家族企业的业绩增长与长期繁荣。韩朝华、陈凌、应丽芬（2006）通过质性访谈方式研究了浙江家族企业接班问题，发现家族企业传承并不是一个只讲感情不问能力的非理性过程，一代领导人对接班人的能力要求较高。李新春和苏晓华（2011）认为家庭成员不仅拥有相关专业知识，而且更有接触企业并参与决策的机会，具有独特的资源优势，可以形成能力的乘数效应。王利星（2016）研究发现家族成员由于内部利他主义，更容易实现个人利益与企业利益的统一，更有带领企业发展壮大的意愿。关健、王洋、蔡佳慧（2018）研究发现内部继任者对企业更为熟悉，不易引发动荡与混乱，其带来的代际传承事件冲击作用更弱，企业绩效下滑的程度更低。莫康诺（McConaugh，1998）等研究发现，由家族企业创始人后代控制的家族企业比创始人本人控制的家族企业更有效率，因为创始人一般都将成功的管理经验传授给了后代。

家族企业传承是企业领导权在家族代际的传递，是家族企业成长中的里程碑事件，影响和决定着企业未来多年的发展路径。家族企业传承既是企业成长所面临的严峻挑战，也给企业发展带来的机遇。"传承二代"企业家精神的培育是解决我国家族企业传承中诸多问题的着力点；家族企业"传承二代"企业家精神的修炼，既是对父辈企业家精神的继承，也是在新的环境下的超越，是历史、现实与未来的复合。二代传承对企业经营有正面影响主要有以下四个原因：首先，二代继承人与一代创始人之间的血缘关系，使得二代继承人相较于外部继承人而言更能得到一代创始人的言传身教。其次，一代创始人通常在很早就有了让二代继承人接班的打算，所以一代创始人会从很早就开始培养后代管理企业的能力。再次，二代继承人通常会将企业的声誉与自己联系在一起，将家族企业的兴旺当成自己的使命，其更容易将个人的利益与企业的利益绑定在一起，会愿意为了企业付出更多的努力。最后，在二代接班后，由于为保持家族声誉以及保证企业的正常经营，创始人仍会时刻关注企业的发展状况，并在二代继承人遇到问题时，帮助他渡过难关。这样的情况无形之中增加了对二代继承人的认可度，企业所存在的"创始人"效益并未立即消失。因此，二代传承对企业经营有正面影响。

第二节　勇挑重担

一、豪杰英才

庞学元夫妻早年都是学美术的,在这方面造诣很深,他们的儿子庞理自然而然就遗传了他们的艺术基因。但是庞学元认为艺术的思考方式是感性的,学习久了就会被这种感性思维所束缚,理性思维就会变得较弱。正是因为自己就是学画画的,所以他感受颇深,为了能更好地培养儿子,也为了能够给大信带来新的力量,补足理性思维方面的不足,庞学元让庞理把学习的重心放在文化课上面,以此着重培养其理性思维。

因为是家居企业,所以无论企业的其他方面做得多么好,设计都是产品的灵魂所在。因此在父母的规划和建议下,庞理上大学时选择了工业设计专业,并辅修工商管理。

在庞理大一的时候,他的父母商量决定在校门口开一家店,全权交给他管理。据庞理所述,刚开始他的母亲还有些心疼他,担心孩子刚经过高考,还没好好体验大学生活,就交给他一家店面,对于他而言压力会太大。但是庞理的反应却让母亲完全打消了这个念头。那年冬天,正

图 2-1　大信家居建设工地(大信家居供图)

值大信 8 万平方米家居设计工厂的建设，庞学元带庞理去工地看，问他是否考虑好了接班的事情。庞理在大雪纷飞的工地中踱步，过了半个小时，他认真地和庞学元说："我想好了，我要接班。如果我本事小，我就让大信的人都过上好日子，让顾客少花点钱买东西，作为我一生的理想；如果我有本事，我就做世界第一。"于是，北京第一家大信品牌整体厨房专卖店在北京五棵松集美家居卖场开业了。

  店铺开业后，庞理就给自己设立了一个目标，那就是在不影响学业的情况下，把这家店经营好。刚开始的庞理什么都不懂，只能靠自己慢慢摸索着前进。到了大二，店铺已经稳定下来，而且每月都有相对稳定的收入。据庞理说，自从上了大二，他就再没找家里要过钱，店铺的收入完全能够支撑他的学费和日常花销。在决定接班后，庞理就很清楚自己以后的人生战略。在他的同学干这干那的时候，他哪些课上、哪些课不上、他为什么上、为什么不上，他自己已经很清楚了。在大学经营店铺的这段时间里，只要条件允许，庞理都会选择亲自验收客户终端，他在这三年中累计做到了 1000 多次的亲自上门验收。对于这种重复性的工作，庞理并没有觉得繁琐无用，恰恰相反，他认为这些经历是他一生中宝贵的财富，这种经历也让他安心，让他自信、让他坚定：只有顾客给的钱才是钱，其他人给的都是债，是债早晚都是要还的；只有始终保持竞争力才能创造真正的价值，脱离产品和成本的营销，终究难逃欺骗，而欺骗，早晚都会被拆穿。

  在北京打拼的四年，可以说是他一生中不可多得的宝贵财富。那段经历让庞理能够直接接触到客户，了解客户真正的需求是什么，对什么样的产品满意；他亲自验收的上千次客户终端，无一不印在他的脑子里，形成庞大的数据库。每天和员工生活在一起，一起吃饭，一起工作，让他深刻意识到什么才是大信，大信人又具备怎样的精神。于是，在大学毕业的时候，他写下了《大信人》这首诗：

  求真务实　心系顾客
  再大的阻隔，江河自古奔流入海
  这是大自然中包含的真理
  一切的奋斗，大信始终心系顾客

这是大信人永恒的信条
只有奔流不息，江河才能让百川入大海
唯有求真务实，大信才能以顾客为中心
要从根本求生死
莫向支流分浊清
去粗取精，去伪存真
我们唯一的正道便是
求真务实，心系顾客
安身立命　诚意正心
找到属于自己的草原，安顿下来
盖房养马，娶妻生子
要么农耕，要么放牧
衣食无忧，甜美生活
发现适合自己的岗位，踏实下去
求真务实，心系顾客
能够安身，能够立命
实现自我，灿烂人生
所有的力量由诚意生
所有的幸福从正心起
不自欺，不欺人
老天自然会眷顾我们
顾客当然能相信我们
大信人都知道
幸福的日子由安身立命始
辉煌的人生在诚心正意中
格物致知　笑遍世界
知道自己的性向，知道自己的职责
熟知自己的岗位知识，熟知自己的岗位职责
庖丁解牛，游刃有余
既做就做最好，当家就当专家

这时我们会不由自主地笑出声来
笑得得意
笑得潇洒
笑得快乐
因为通过努力每个岗位上的大信人
都成为行业中的高峰

每个大信人都凭实力诠释着
海阔无边天作岸
山高绝顶我为峰
我们的努力定将让我们笑遍世界
永担职责　当下行动
没有永远的成败
只有永恒的担当
再细的河流也能积累长江大河的气魄
再小的职责也能造就顶天立地的人格
永担职责
当下落实
不落实就落空
成功是做好一切，失败只因一个细节
不推，不拖，不拉
让同事看到这样的大信人，心生敬意

二、执着

功夫不负有心人，庞理的用心经营，取得了让人羡慕的结果，他所经营的大信品牌专卖店在集美所有同品类的商户中销售额全年均排在第一位。获得如此的成就，让庞理在接手大信这件事上更加有了信心。但是优秀的人对自己的要求往往也是严苛的，庞理不满足于这小小的成就，在大学毕业之后他决定到上海创业。

上海不像北京，在这里商业竞争比北京要激烈的多。但是庞理也丝毫没有畏惧，他觉得只有在逆境中不断地锻炼自己，不断地通过自己的能力打拼并学到经验，才能更好地接受家族的事业，让它得到发展，不让父母早些年的努力白费。他坚定地表示："可能也会有人羡慕我这样的家庭，毕竟有这样的条件，可以少走很多路。但是这也给了我很大的压力，我要让自己做得更好，才能保住父母的奋斗成果。"

商场如战场，而上海的"战场"则更加残忍。在这个地方，面对那些聪明的商人，庞理没少吃亏，一个不留神就可能被对方钻了空子，到头来不赚反赔。但他从来没有想过放弃，正是因为吃的这些亏，栽的那些坑，才能让庞理快速获得更多的经验，更快地成长，自己也在商业竞争中更加成熟，更加老练。在上海待的两年里，庞理的各方面能力得到迅速提升，已经具备了作为一个企业总裁的素养和能力。

后来，经历了足够商场锻炼的庞理，到了企业总部，担任了企业CEO兼总裁的职位。在担任总裁期间，庞理兢兢业业，踏踏实实做好每一件事情，公司的每一期培训都亲自给学员讲课；企业的每一件产品研发，都亲自参与；企业的每一次市场营销策划，都亲自出谋划策……庞理在企业中的点滴行动，已成为员工的榜样。"踏实治百病，良知除心贼"这句话，便是庞理给企业制定的道德准则。在庞理的带领下，企业也获得了长足的发展，到2016年底，大信全球专卖店数量超过1800家，当选为全国工商联定制家居专委会执行会长单位，参与国家整体橱柜行业售后服务标准《SB/T 11013-2013》以及全屋定制家居标准《JZ/T1-2005》的制定，主导原创设计产品获得中国整体厨房行业产品设计最高奖"金勾奖"、中国工业设计最高奖"红星奖"和国际产品设计最高奖"红点奖"，其中红点奖为河南省62年来的突破，成为定制家居行业唯一一家囊括这三大设计奖项的品牌。在2016年10月17日，庞理代表中国定制家居行业，参加在比利时布鲁塞尔欧盟总部举行的世界绿色设计大会，并发表主题为《无限制设计带来的绿色价值》的演讲，为绿色中国发声，赢得满堂喝彩！

在企业创新的理念上，在价值观上，庞理一直有着自己的坚持和执着。2018年10月份，就该问题作者曾经采访过庞理，庞理说："我们大信有今天，两个点很重要。第一个是创新，如果没有创新，我们大信没有今天。作为家具企业，其实在河南本土发展起来是非常困难的。没有产业环境，政策也没有特别的倾向。人家广州直接来个定制之都，这是他们城市战略，我们没有。这个博物馆全靠我们自己一张板、一张板的挣，做了这个东西，是很贵的。另外一个呢，就是尊重规律、敬畏规律、按客观规律办事、发现行业的规律。为什么有这样的厂商关系的定位？这里面你就要经得起诱惑。就像司马懿和诸葛亮打仗一样，他怎么干掉诸葛亮呢？就是尊重规律，我按天道办事。为什么你一看日本、一看西方，你看这个人家咋想到了，咱咋想不到了？还是人的事儿。人才问题，人才不是指能力，我不认为现在中国缺乏有能力的人，我认为缺乏一个理性合理、沉下去的价值观。企业里面缺少这个东西，而且我们在教育过程中也要更加偏向价值观塑造。没有之前GDP的高速发展，哪有三代人干过人家两三百年时间的企业，这是值得被尊重和夸奖的。那么你到这个时期以后整个国家最新一代青年的价值观要有一个更快的理性化转变。理性化转变是什么？就是不要妄自菲薄，你尊重客观规律，然后呢要有民族性，要有地域的这个精神，那么同时你要能够沉下去。你以为家具很难吗？我们发现了，广东的企业发现不了吗？不是这样的，是因为我们没有急，我们没有急着上市。为什么没有急着上市？我们真的想把它做成百年企业。我们发展没那么快，没那么快没关系，我们要做强做久。我们把钱弄下来做家居设计工厂。"

第三节　大信的二代传承

一、精神文化传承

庞理曾经说："传承是伟大的坚持！是企业最大的人事问题。慈父善让，孝子爱承是血脉相连的恩情！事业与理想是传者与承者最根本的基石。'父子同朝，新老同代'，让大信所有的老人善始善终，给大信所有的新人平台与未来！这是大信模式在传承上更广阔的实践与成功！"

传承，不仅仅是形式上的交替，权力的改变，更是精神文化的传承。

除了能力的培养和锻炼，庞理身上更多的是精神和文化方面的传承。在公司里，庞理和其父亲庞学元都秉着同样的理念为公司的经营发展做决策。整体上方向一致，若出现意见不合的情况，两人也会像同事一样进行商讨，做出最好的选择。庞理曾经说过："只要是团队开会，跟我父亲想法有区别就下面沟通，不弄两个太阳。"这样做的目的就是为企业其他人树立榜样，达到上行下效的目的，不和父亲唱反调，只为顾客谋利益。对于一家企业来说，决策方向是至关重要的，也应该是一致的，正确的，符合初心的。

对于"心系客户"这句话，庞理认为这是大信的一个核心理念，他说："心是人和动物最大的区别。做企业的，不要只想着如何盈利，应该去思考如何满足客户的需求，如何让客户得到满意的产品，让顾客心甘情愿地掏出这笔钱等。这些都要企业用心去思考，用心去管理，用心去对待顾客。"

在河南财经政法大学工商管理学院市场营销专业的一次学生认识实习实践活动中，庞理作为带领大家参观大信家居设计工厂的嘉宾参与了活动。在最后的学生提问环节，面对学生关于产品细节以及消费者行为洞察这一块，大信是如何做得这么好、这么细节的这个问题，庞理是这样回答的："第一，不要浮躁，要用心、要踏实，这并不难。第二，尊重前人的经验。第三，怎么抓到顾客的细节点呢？做企业不浮躁，别光想着挣钱。有些人卷包上市，股票一炒，然后变现。但是我们不想这事儿，在这样的情况下我们就有精力、有心思去抓住顾客的细节点。如果想的不单纯，就想工作咋挣钱，那么永远找不到这种顾客细节点。我跟我父亲沟通的时候认为，我们大信有今天，两个点很重要。第一个是创新。如果没有创新，我们大信没有今天。作为家居企业，其实在河南本土发展起来是非常困难的。没有产业环境，政策也没有特别的倾向。人家广州直接来个定制之都，这是他们城市战略，我们没有。这个博物馆全靠我们自己一张板、一张板的挣，做了这个东西。那么另外一个就是尊重规律、敬畏规律、按客观规律办事、发现行业的规律。为什么有这样的厂商关系的定位？这里面你就要经得起诱惑。就像司马懿和诸葛亮打仗一样，他怎么干掉诸葛亮呢？就是尊重规律，按天道办事。"

"心系顾客"不仅仅是把顾客当父母，还包括把供应商、加盟商、公司同仁当亲人，诚意正心、孝悌经营、永担责任、互相成全。在庞学元以及庞理的带领下，大信没有把经销商当作渠道看，他们把经销商当成企业的一部分。经销商不是渠道概念，他不是卖货的，他要有共同完成企业营销的能力，他是大信的一部分，大信和经销商是家人关系，关键在于相互成全。并且，在操作层面上大信更侧重于对经销商的赋能。每个企业在这个方面都说给经销商赋能、减负，但其实没有什么实际动作。大信在这个方面怎么做的呢？第一，不涨价。第二，一直以来都没有任务，没有压迫。第三，从线上给经销商免费引流。比如说大信在今日头条上打广告，并不向经销商收费。但据庞理了解到他们的同行一个今日头条上标品类的广告通常150元卖给经销商，但大信在这方面并不收费。

除了"心系客户"，大信还秉承着"用心去做中华民族的好子孙"的理念，而这个理念是大部分企业所不具备的。他把基于中国的思维方式、民族、人性、管理、技术研究这几个方面的理解在家具行业进行现代化的探索作为企业愿景和人生理想。不仅对消费者负责，更多的是承担了一定的社会责任。

在面对大信为什么不上市的问题时，庞理是这样回答的："上市是这样，我们不反对上市，但是上市的初衷是什么？你要挖掘你做这个生意的本质，就是战略问题。第一个要看清战略；第二个真正战略落地的时候你所有的方法要尊重它。为什么不上市？因为我们要做长做久。在我们这个行业里面，一旦被资本裹挟，很多事情就没有办法做。能做博物馆吗？股东是不允许你投资这个东西的。你说我给你讲这些东西的好处，你如果讲到IPO根本救不了你，这是很现实的。那你是做企业，还是想变现？作为企业现在发展来说资金它只是资源适用能力的一部分。你把它当成能力来看，你是在做企业；但如果你就是为了赚钱，那你不要做企业，有很多别的方法也可以赚钱。"

在问到其对公司理念文化的理解变化时，庞理答道："我对公司文化的理解没有颠覆性的变化，是深浅的区别，方向没有变化。我接班后企业的变化，也是随着我个人的修养一步步渐进的。从十年前进入之初到现在，我个人感觉，一开始是因为像家，然后逐步开始有员工的境界，心里放的越来越多。现在有对时代、对国家的担当和义务。"作为家族企业的传承，不会像非家族企业的传承有很大的变化。因为家族企业不仅仅是企业，更是一个家庭，企业的文化往往和家庭文化有很多相同之处，所以在进入企业时过程就比较平和，对于企业理念的接受度也较高。庞理曾把自己比作一条鱼，在进入企业之前在家里的"水塘"生活，习惯了那种环境；到了企业之后，发现新的"水塘"的环境并不像之前所想的那样，而是有一种熟悉感，自然而然融入也比较简单。

庞理作为庞学元的独子，大信家居的未来掌舵手，相较于同龄人有着更多的冷静和超出常人的判断，他对大信的文化理念也有着更深的认同感。在管理企业的这段日子里，他对于父亲初创大信的理念有了更多的理解和感触。自己也慢慢被父亲的这种理念所感染，懂了身为企业家的职责所在，那就是不仅仅要用心让消费者得到满足，还需要承担更多的社会责任，为国家、为民族的发展和复兴做出努力。所以庞理写下了："若为此人，不枉此生；若建此业，富贵绵长。"

二、事业理念传承

2018年庞理接任父亲庞学元成为大信董事长，开始全面管理大信。在2018年中国工商联家具装饰业商会青年委员会成立大会上，庞理当选青年委员会主席，并作了发言，在发言中他说"首先我也要表示一下感谢，第一感谢时代，第二感谢国家和党，第三感谢父母，第四感谢协会。作为年轻一代继承者，我想和大家说的有三点，第一，老祖宗说的一句话：一曰慈，二曰俭，三曰敢为天下先。我们是比同龄人拥有更多资源的一群人，有些事必须干，有些事是不能想的，这是我们这个团体传递给大家的一些东西；第二，在这样一个伟大的时代，不管是创一代年轻人还是二代接班人，都是老总，一把手必须是君子不能是小人，要敢为君子，当仁不让！这也是我们团队所希望给大家传递的第二个理念；第三，我们大信家居的理念是：心系顾客，用心做中华民族的好子孙。我们企业的境界，中国是一个非常善于解决复杂问题的国家，在这个历史节点上，我们迎来了千年难遇的机会，我们的先辈已经牢牢抓住了这个机会，传到了我们这代人的手里。我们要做中华民族的好子孙，我父亲曾这样告诉我，企业家就是国家的战士，我们拿出来的产品、竞争力，都应该有东方的现代化智慧。我父母和大信建了5家博物馆，保护了5000件文物，并无偿捐献给了国家。传承是最伟大的坚持，像父辈一样有所为、有所不为，做君子当仁不让！"

在一次采访中庞理讲道，其在18岁时选择接班，并不是选择继承家业的问题，而是作为一个有理想的人、想不枉此生的人在18岁时选择花费一生的精力在家居这个行业里成就别人、成就自己，并且乐在其中、此生无悔。据庞理所言，他之所以选择家居行业，是因为家居行业其实是一个很有魅力的行业。从其商业价值来讲，家居行业在全球范围内具有上万亿元的市场，但它也是全球上万亿元的市场内几乎唯一没有被整合过的，没有出现巨型企业的行业。对于庞理来讲，这就是吸引他选择进入这个行业的理由。在家居行业如何实现整合这个问题上，庞理与其父亲庞学元具有一致的想法。大信从初创那天起一直到现在一直瞄准一个业务方向，那就是家居消费品。大信想把家具以及各种各样的家居产品当成"一个产品"去经营，这里的"一个产品"指的就是家居消费品，这主要是为了应对家居行业存在的产品容易被消费者分开在不同的品牌购买的问题。

大信在这23年间一直遵循着发现规律、尊重规律、敬畏规律并且和规律做朋友的行为方式。庞理和其父亲庞学元有着一致的意见，他们都认为在家居行业要想做成家居消费品有两大规律，这两大规律分别是设计和极致性价比。

在设计方面，大信认为设计是家居的第一产品。一切消费者对于家居产品的选择都是在设计的指挥下进行的。不管一个消费者他真正的购买顺序，不管是先有设计还是先看家居，不管设计是定制家居提供的还是装修公司提供的，无论怎么样品牌都要构建一个消费者自己认知认可的设计方案。设计具有专业性和民主性，每个人都可以谈设计。设计不仅仅是外形的问题，其还有两个层面也非常重要，而这两个层面也是大信从开始到现在打造的独有的核心竞争力。第一个层面是设计的成本问题,第二个层面是设计的原创性问题。而在这两个问题上,庞理和其父亲庞学元都很重视。所以庞理接班后,也狠抓了这两个问题,包括带领团队刚刚设计完成鸿益算法,不仅节约了设计成本,同时也有助于提高大信设计的原创性。

对于设计的成本问题,庞理有着如下的看法:"设计需要个性化,中国的定制家居和国外各种定制是有很大差别的。中国的家居定制向普通消费者提供产品,也就是说中国的定制家居整个行业不在高端层面,它走的是中端层面。定制家居本身就是先提供设计,设计连接产品,也就是说设计是家居行业的一种产品。家居行业的从业人员应该将设计当成一种产品去经营,而不是把它当成服务去看待,也不是把它当成一个流程节点去看待。在家居定制行业,所有的实物产品之前都有一个叫作设计产品。设计既然是产品,那么它就自然而然具有两个层面,第一个层面就是它的成本问题。定制设计需要终端加盟商的设计去提供,那么一个设计师的培养成本,他的工作成本,他给顾客的设计质量怎么来实现,这就需要的是一个企业级的设计能力,而不是仅凭某个设计师的才能,也不是凭一个软件,也不是凭一堂课,它是一个企业系统的设计能力。"对于产品设计的成本问题,大信通过一个系统创新的设计方法来解决,这个设计方法叫作"易简"大规模个性化智能制造系统,通过这个系统,大信进行定制家居设计。对于这个系统,庞理是这样介绍的:"大信的'易简'大规模个性化智能制造系统使用模块化设计。如果将设计当作一种语言,将设计产品当作写一篇文章,那么大信与所有定制家居在设计端的区别是其他所有的品牌要用设计描述一个家居,就是客户怎么说然后再翻译过来;而大信则是通过大数据、以及其自身的文化研究和积累把设计总结成了一千多个'梦模块'。就像汉字一样,每个汉字要制作出来是有它的规则的,那么大信的不同'模块'必须在不同的维度上满足十个条件,才能进入大信的'梦模块'体系。一个'梦模块'就相当于一个汉字,设计师就是通过学这些'汉字'然后去'书写文章'。通过这种方式,大信可以大规模批量生产'汉字',从而使得效率极大提高,成本极大降低。"

第二个层面是设计的原创性。家居是一个承载文明、价值观和生活方式的一个行业,它能够提供一种生活方式,可以被普遍接受的一种生活方式。在这个方面,庞理与其父亲庞学元想法一致,都认为大信的企业宗旨应为:心系顾客,用心去做中华民族的好子孙。家居承载文明,随着国力的发展,我国灿烂悠久的文明历史一定会被现代化,并且被全世界接受和接纳。庞理认为在现在这个时代,家居人应当加强对文明和生活方式的研究。大信通过对80后、90后的观察,发现新一代年轻人对中国传统文化越来越自信,他们越来越倾向于国潮,而这正是各行各业的商机。伴随着国家实力的强大,家具企业要想做大做强就一定要有文化积淀、文化自信和原创设计。其中,大信的5家博物馆就为其提供了设计基础。这5家博物馆并不是单纯作为一个概念、一个理论,而是用文物支撑的。这5个博物馆从实用层面来讲直接助力了大信的品牌营销、文化营销;从深层次来讲,它们贴合了大信的初心,从做博物馆之初,大信就是为了自身企业级的设计能力、原创的设计能力扎根。这个根扎的越深,大信的未来就会更加的枝繁叶茂。中国的家居要想强大,一定要在原创和对自己国家文化挖掘的过程中强大。大信从23年前就把设计当战略,直至今日设计依旧在大信占据很高的地位。

  关于性价比,基于庞学元以及庞理对行业规律的认识、深层次的认知以及不为外界诱惑所动的定力,大信在设计的成本和设计的原创性这两个方面上打造了其核心竞争力。他们将这种原创的、有文化底蕴的设计能力,低成本、高效率的传递到终端,直通消费者。大信通过五个维度打造其核心竞争力。第一个维度是企业级的设计能力。企业级的设计能力并不是个人能力,也不是机构能力,它是企业能力,是看企业是否能够高效、持续的提供竞争力。大信将设计做到极致高效、极致性价比,并且体现在产品上,从而构建了其企业级的设计能力。第二个维度是品类聚焦、流量聚焦。服务和性价比优势使得大信的老顾客回头率达到业界第一,这也就为大信带来了品类聚焦和流量聚焦。第三个维度是价格透明。价格透明就是让消费者更简单、更清晰地了解品牌的报价,这是一个行业难题。但是庞理坚信只要这个行业有一帮有志向、愿意为行业做事的企业家,那么这个行业一定会发展的越来越好,进而这个行业必然会出现价格透明。中国家居行业历史的必然一定是走向价格透明,大信致力于这件事,并且为了它努力、不悔。第四个维度是经销商成本低。大信不将经销商看作自己的渠道,而是将经销商看作自己的家人,是共同完成产品的伙伴。只有经销商的成本低了,品牌的成本才会低。第五个维度是顾客到手的产品性价比要高。为顾客带去极致的性价比,才能打造出核心竞争力。

综上所述,庞理对于行业的认知有两个核心的价值观,第一个是设计,第二个是极致性价比。与此同时,做到这两点也是其父亲庞学元的目标,更是大信从 23 年前就开始做的事情,是它的战略定力和战略力量,这两点也滋养和赋能了大信及其经销商。目标的一致性也让庞理在执掌大信的事业上更顺利更坚定。

第四节 本章后记

跟庞理有过多次接触和深度访谈,最早的接触源于我所在的单位河南财经政法大学工商管理学院为学生找实践基地,我电话联系了庞理,虽然从未见过面也不认识,但是庞理非常礼貌地接了电话并安排人对接,电话中没有任何推脱,并且表示欢迎。后来再思考起来,这么顺利的原因是因为大信的经营理念和价值观本身就含有为社会做贡献的导向,所以当听说为学生提供实践机会时,大信毫无任何推脱。后来,大信和我所在的单位举行实践基地授牌仪式,我负责到楼下去接庞理,那是第一次见面,远远看到一个年轻人黑裤白 T 恤,背着双肩包走了过来,就像走在大学校园里的一名大学生,近看白 T 恤上还有大信的 logo,此后在多个场合看到庞理和庞学元身穿工装的样子,都一样的简朴。用李电萍馆长的话讲父子是真的很像。而这个"很像"不仅是父子精神的传承,也是父子之间爱的体现。

每次带领学生参观认识大信时,庞理都会讲到大信的品牌宣言——"真""善""美","真""善""美"是世界永恒的主题,是人类美好生活的体现,更是大信品牌核心价值追求!大信的"真"是对顾客需求的真正满足;大信的"善"是奉献优品优价、经久耐用、环保放心的绿色产品；大信的"美"是让设计呈现"节省美学"营造的美轮美奂的家居幸福场景；"心系顾客，用心去做中华民族的好子孙"是大信的生存理念。"心系顾客"是把顾客当父母，把供应商、加盟商、公司同仁当亲人，诚意正心、孝悌经营、永担责任、互相成全；"用心"是大信真诚的工作态度；"去做中华民族的好子孙"是企业的座右铭，从我做起，让中华优良文化传承永续，让"真""善""美"弥新人类美好生活，成就大信人的历史担当！"真""善""美"是世界永恒的内容，是人类美好生活的目标，更是大信品牌呼唤设计师精神的追求。设计师的"真"是以平庸为敌，设计师的"善"是为美好涅槃，设计师的"美"是让设计永生，以"真、善、美"妆点世界，为"真、善、美"充满世界，让"真、善、美"设计世界，设计精神推动着你、我、她，用心孜孜不倦去描绘心中的日月，始终为提升全民生活幸福和设计文化社会化，创造美好。我们的口号：用心为全民设计。这是实的，不是虚的。它需要从本质上用营销思维去包装它，但同时也是一个企业必须要有的长久精神追求和价值主张。"每次听完庞理对大信品牌宣言的解读都忍不住想为之鼓掌。

李馆长说过，他们父子俩真的是无缝衔接，这种传承，不仅仅是企业管理权力的交接，更重要的是对企业经营理念和经营价值观的无缝交接，这种无形的传承才能保证大信走得更稳更远。

记得有一次采访庞学元，问他为什么要建设非洲木雕艺术博物馆，庞学元说："其实人类的文明最早起源于非洲，我们为什么要建造个非洲博物馆，首先国家下了很大的功夫，浙江有个非洲博物馆，此外伦敦大英博物馆、罗浮宫、纽约大都会博物馆都有非洲展区。罗素讲，哲学是关于神学与科学的。非洲是人类的初心，各种面具代表一种超自然的力量，这是打破人的思维方式的一把钥匙。第一个是思维方式，第二个是行为方式，第三个是责必信。责必信就是：第一，我这样想；第二，我这样做；第三，我只这样想，我只这样做。要解放思想，就要打破界限。比如说我们大信非洲博物馆，那里有一个皇帝皇后的面具，手都没有了，光剩脚，脚也被困住了，但那脑袋特别大，铜的，一进门那两个，一个皇帝，一个皇后，它的名字叫超级想象，表达着他最厉害的就是脑子，手和脚都不重要，脑子最重要。所谓脑子最重要，其实就是我们的超级计算，就是人需要打破这种想象，创造新的未来。"从谈话中可以看出父子对于创新、对于设计的追求是如出一辙的。

　　父亲对儿子的教育和指导也是大信二代传承和创业成功的因素之一。庞学元提到庞理时他说道："我跟我儿子说，这个企业100年不倒，1000年也会倒，是早晚的事。但是这个文物这个东西呢，早晚要保护好。我们保护不好的话就全部给国家。我们现在已经登记给国家了。我们没办法去经营它的时候，有关部门会直接来解决这个事。传承是一种伟大的坚持，文物是人类留下最珍贵的家书，用心去读去放下自己。庞理这个80后，做到了无私的投入，广阔的时空，需正视先人，让自己的文明具体鲜活流传，用爱与智慧去理解我们的先辈，用爱与智慧去滋养我们的后人，这是我们的责任与荣幸，愿用心品味，愿品有责任。"细品这些语言，有这样的父亲在，儿子就有了榜样，传承会更有根。

| 第三章 |

大信家居顾客执念：为顾客创造价值

大信始终心系顾客

这是大信人永恒的信条

只有奔流不息，江河才能让百川入大海

唯有求真务实，大信才能以顾客为中心

——庞理（大信家居CEO）

第一节 大信的营销向善理念

何为营销向善？营销向善可以理解为企业关注自身行为对社会的影响力，开始不拘泥于如何更快地从社会公众、顾客中获取利益，而是将"善"融入企业社会活动当中，履行企业社会责任。过去，逐利是商业最主要的驱动力，正如20世纪60年代，获诺贝尔经济学奖的美国经济学家米尔顿·弗里德曼提出的那样，"企业的社会责任就是增加利润"。这种股东利益至上的古老经济观念已经不适用于现在的社会模式。当前是消费者导向的市场经济形态，品牌种类繁多，商品同质化较为严重，那么怎样在市场环境下站稳脚步，抢占更多市场份额？除了提升产品自身品质，一个品牌或企业要更加关注产品背后品牌的人文关怀，关注人与自然可持续发展。这也是在商品种类趋近饱和后消费者会越来越看重的点，也是响应党和国家"增进人民福祉""坚持绿水青山就是金山银山的重要理念"的体现。国家以"生态美""百姓富"为目标，始终践行"绿水青山就是金山银山"的理念，促进人与自然和谐共生，推动经济社会快速发展，企业也必须以这些作为自己的企业文化，紧跟国家大趋势发展。

随着社会的发展，消费者的消费观正从原来的产品观更多转向情感与精神价值的消费。尤其在新冠肺炎疫情影响下，消费者对可持续发展的认识正在不断深化，可持续消费行为的践行度是对消费者最大的灵魂拷问。这是第一次，大多数人无论是作为消费者还是企业运营者，意识到大自然的力量无法战胜后，真正主动想去了解"可持续发展"。根据知萌2021年中国消费趋势报告调研数据显示，疫情后的消费者更加重视企业是否体现社会公益、社会责任，并且更注重公司是否将绿色环保、可持续发展的理念应用到产品的设计、生产中。据调查所示，消费者认为绿色环保的产品设计理念、有可持续发展的品牌理念和使用更环保的产品、材料是增加他们对品牌好感度的行为，分别占比为36%、34.8%和34.2%。随着消费者越来越期待社会中"善"的力量，企业也需要结合消费者需求，根据实际情况将"善"融入企业营销中。环保、健康、安全、绿色等元素都能够成为品牌用来承载"善"的理念和内涵。这也正是大信家居企业所追寻和身体力行做到的。

从企业创立之初，大信经营理念就决定走家居消费品路线，走高性价比路线。定位于服务市场中大基数消费者，要生产让多数人都买得起的家居产品。大信认为全世界大多数人都需要性价比高的产品，这是人类特别美好的愿望，这也是大信的企业的使命和崇高理想，为了完成自己的使命和实现理想，大信一直本着"善"的理念在默默努力。

一、多方面节约成本，让利消费者

首先，大信家居秉持：做营销，不做广告。企业从创始之初就立足为消费者提供物美价优的产品，因此没有铺天盖地的广告，更没有请动辄上千万元五花八门的明星代言，大信家居由董事长庞学元一家五口亲自代言。这样不仅每年节省几千万元甚至于上亿元的宣传费用，让利消费者，降低出厂成本，保证大家买的每一件大信产品价格都有超强竞争力，更将自己家庭和谐美好温馨的氛围传递给消费者，也送给了消费者家庭和谐美满的美好祝愿。其次，在厂区中不安装卫生间的门，既节约成本，又减少了后期的维修难度。因此厂区只雇用一位维修人员，减少不必要的成本。厂区需要的如洒水设备等物品都由员工用已有的废弃物品亲手制作，既减少了资源的浪费，秉持了绿色环保的生产理念又节约了成本，变相为顾客创造了价值。且大信工厂无大树，多小草，省去清洁员工2人，水池前台设计，省去前台接待2人，摄像头管理厂区，省去保安2名，还有很多类似的地方，大信用最少的人力投入，获取最大的效益。进货区的地面15度角倾斜，搬运省力，效率高，搬运设备维护少。发货区不同高度的出货口，可以适合各种车辆准确对接，提升装货效率。员工小发明体现在成品组，员工自制的万象轮方便包装，其效率是同行的30倍。板材余料用作食堂装修原料，既节约了余料处理费也省了食堂装修材料费。在工厂管理过程中，很多环节都需要品质或者仓管员工签字确认。大信认为，签字太慢，影响效率，所以他们用不同粗细不同颜色的笔代表不同环节不同岗位的签字，节约生产时间，使得产品从生产到为顾客配送安装的时间缩短，是减少劳动成本的重要举措，为顾客谋福利。

大信的低成本不光是减少不必要的浪费节省出来的，也和卓越的生产方式密切相关。为秉持极致用材，改变了传统家具预先设计，批量生产方式，比其他的家具生产方式用材率节省5%。保证没有库存积压，有顾客才有产品，有订购才有生产；设计在先，依需订产，减少了产品在库存中必须经过运输、保存带来的人力、物力和财力上的消耗。整个过程无须菜单，每天生产数千套无须试装，产品生产完毕后拉到顾客家直接装。这样一来大信的经营模式就高技术驱动低成本，成本驱动价格，降低成本的同时支撑性价比，创造企业的竞争力。

二、用心为全民设计，创造高质量绿色产品

让"用心设计，心系顾客"不只是口号。庞学元回忆，在儿子3岁

时，有次与夫人带他去河边散步，儿子说河水好美，夫人李电萍蹲下身郑重地对庞理说：这么美的河水和城市都是国家给予的，你长大以后，要建设好城市、报效祖国，庞理似懂非懂地点点头。由此，耐力、理想、实干报国、视员工如亲人，成为庞学元夫妇对庞理不断灌输的思想理念，也成就了庞学元领导下大信家居坚持用心设计，为中国人带来优品优价商品的崇高信念。

"用心为全民设计"是大信家居生存价值观的体现，也是大信家居实现企业愿景的做事方法，更是满足消费者的基本态度和服务承诺。

"我们的愿景：

让人类享受到优品优价带来的幸福感！

为了实现愿景：我们用心设计，心系顾客，用心做中华民族的好子孙！

我们的设计信仰：优品优价！

这里有你、有我、有他……我们共同的口号：用心为全民设计！"这是大信的口号，同样也是大信的承诺。

企业宗旨：心系顾客，用心去做中华民族的好子孙

心系顾客：把顾客当父母，把供应商、加盟商当亲人，诚意正心、孝悌经营、永担职责、相互成全

用心：良知除心贼，踏实治百病

去做中华民族的好子孙：创新中国方案做世界第一

好的设计一定要有优质的材料作为基础，才能满足消费者对健康生活、环保家居的追求。绿色环保一直是大信家居的主导精神。创造绿色产品和在绿色中创造，是大信"立信"的价值观和生存底线。

环保是企业的底线，也是企业的生命线。大信从环保上对每一位顾客的健康负责，大信不仅通过了国家最高级别的环保十环认证，且每月由国家权威机构对板材进行抽检。大信是国内首批获得中国环境标志认证的定制家居企业。大信的人造板甲醛释放控制与污染治理关键技术获得河南省科学技术进步二等奖。大信也是世界绿色设计组织团体会员，原创的人造板甲醛释放控制与污染治理管理技术获得河南省科学技术进步二等奖。中国环境标志认证、产品抽检公示、高科技防伪标识是大信

确保产品环保的三大保障。

大信家居的环保理念和实践不仅体现在用材,更体现在废料处理、产品定制安装以及存储等各个方面。大信家居的橱柜封边胶水使用的是德国进口牛头牌热熔胶;覆膜使用的胶水则是主要成分为大豆提取物的德国进口的胶王胶水,在喷胶车间,整个车间都散发着淡淡的豆香而非有害的气体。所有车间均安装了世界一流的除尘系统,杜绝尘微颗粒对空气的污染。作为环保认证的"十环"企业,大信家居出品的所有产品、以及整个生产过程都达到了环保标准,每个月大信家居还会将板材送到国家权威检测机构进行甲醛含量检测,产品环保检测公示也会通过官方网站和官方微信公众号实时公布,方便消费者检查和监督。与此同时,大信家居打破常规,做到94%的平均用材率,比同行业高出18%,使用一万张标准板材,大信家居就能比同行省出500棵树,是真真正正的"大环保"企业。庞学元曾说:"高技术创造低成本,我们的低成本不是省出来的,我们是效益高,没有库存,每样都是先有顾客再有产品,这样一来大信的经营模式就形成高技术驱动低成本,成本驱动价格,支撑性价比,创造企业的竞争力,这个大信定制家具综合成本是行业先进水平的50%,这是说我们出厂价比他们低50%,不是低5%,我们颠覆库存概念,零库存加超时空效率,设计在先,依需定产,产品是零库存、金融零风险的。"

三、大规模个性化定制模式,向世界展示中国力量

大信家居作为国家智能制造试点示范项目企业、国家首批服务型制造示范企业,依托中国独特的优秀文化与中国人特有的网状思维方式,创造了"三边极效""六要合一""五维十方"的智能制造系统思维模式,发明了"易简"大规模个性化模块化智能制造模式,以自主研发的软件系统和全部国产化创新装备为依托,实现定制家居的大规模个性化定制,提质增效。

与此同时,大信家居通过模块化设计的原创设计产品囊括德国红点奖、两次获TIA原创设计大奖、红星奖、金勾奖金奖,原创设计成就斐

然。大信家居也是行业唯一一家中国工业设计协会特邀副会长单位，并在 2018 年 11 月，入选国家博物馆改革开放四十周年成就展，代表中国定制家居行业向世界展示中国定制家居行业的原创设计水平和智能制造技术。

从 1999 年开始，大信将收集到的 10 万套整体厨房解决方案归类出 4635 个解决方案，成为最初的现实大数据元素，在研究人类生活方式的过程当中，保护了 5000 件文物，并建立了多家公益性专业博物馆，作为模块研究的历史大数据，在此基础上，通过深度分析于 2005 年总结出 380 个原始模块，并在多年里不断自主研发软件系统和丰富模块系统，带着"良知除心贼，踏实治百病"的理念，大信归类总结出满足"十方兼容"的 2765 个标准模块单元，最终构建出了"易简"制造模式。

在终端，消费者登录企业云设计平台，通过云设计平台调出户型图，生成三维立体效果图，通过调用大信云系统中的模块产品对居家空间随心设计。设计结束效果图 10 秒渲染完毕，通过二维码扫描将设计方案连接移动端，再通过 VR 眼镜进行沉浸式体验，方案满意的话，一键生成安装图和生产数据。在生产端，生产数据直达工厂云计算中心，云计算中心对生产数据进行自动整理分析形成生产指令，生产指令到达车间随即进行生产，四天内工厂出货。通过安装服务顾客得到属于自己的个性化定制家居产品，工厂实现精准制造零库存。在产品上，大信根据大量数据研究作为支撑，以工业设计为驱动生产了众多适合消费者使用的家居产品，坚持优品优价的原则为全民设计。

四、产品为便民设计，为美好而生

大信发明了智能制造以及智能设计模块化技术，为消费者创造出美好的产品。何谓美好，大信的总设计师张武先生说道："顾客心满意足的笑容，就是美好！"大信获得德国红点奖的原创设计产品"秀纳"，只需要使用者轻轻拉开橱柜的转角柜门，抽屉沿着豪华阻尼抽顺畅地滑出，整个橱柜转角如同变形金刚般 270 度展开，上下两层共计 10 个抽屉就错落有致地呈现在使用者眼前。这是大信家居"秀纳"系列橱柜独创的

"十全十美功能柜",一如它的名字,"随心收纳,秀外慧中",通过精细的收纳设计,"秀纳"系列较大限度地拓展了消费者橱柜收纳的极限,给消费者带来"十全十美"的烹饪体验。该产品运用中国人的网状思维方式以及平面分割的原理,实现了橱柜转角空间的100%利用。这款全球首创的橱柜设计不仅可以让有限的空间利用最大化,也让橱柜收纳成为一种艺术的表现、一种对美好生活的追求。

图3-1 大信家居获奖情况(大信家居供图)

此外大信还专门为行动不便的老人设计了厨房,可供乘坐轮椅的老人安全、便捷使用。通过伸缩式的龙头设计、可以滑动的多功能台面、可以遥控的吊柜以及伸拉式的抽屉柜设计,不用来回移动轮椅,就可以让老人轻松自如地拿取食材、完成烹饪。更令人感动的是,烟机不仅可以遥控控制,还可以随时提醒独自在家老人的子女,让子女更好地了解老人在家的生活动向。当打开烟机的瞬间,烟机即可给老人的子女自动发送一条信息:"孩子,我做饭了,放心吧",如此设计,不禁让人感叹大信家居智能化设计的贴心和对养老及独居老人生活质量等社会热点问题的切实关注。

第二节　顾客执念：为顾客创造价值

市场营销学界泰斗菲利普·科特勒先生在《市场营销学原理》第九版中将市场营销定义为：市场营销是通过创造和交换产品及价值，从而使个人或群体的需要和欲望得到满足的过程；在2019年出版的《市场营销学原理》第15版中，市场营销的定义被译为：企业为了从顾客身上获得利益回报，创造顾客价值和建立牢固顾客关系的过程。由此可知，我们进行营销活动要回到营销的本质和核心：创造顾客价值、建立顾客关系。而顾客价值就是企业真正站在顾客的角度上来看待产品和服务的价值，核心是顾客感知利得与感知利失之间的权衡。若要创造真正的顾客价值，创业者必须正确的了解顾客对于产品服务的需求，拟出一个产品服务与顾客满意关系的属性对照表，找出可以创新改进的地方，并参考目前顾客偏好与市场竞争态势，决定新企业的最终目标顾客市场，并进而开发可满足目标市场需求的创新产品或创新服务[1]。

与顾客共创价值已经是现代企业取得竞争优势的重要手段和方法，大信家居集团在为顾客创造价值方面力争做到极致，是一个为真正站在顾客角度考虑问题，处心积虑为顾客着想的家居企业。无论是在保证产品品质的情况下尽量压缩不必要的成本浪费，从而降低产品价格，还是依顾客所需创造新产品、新服务类型，都是其为顾客创造价值的体现，也是大信在众多家具品牌中脱颖而出，与顾客实现价值共创、互利共赢的方式。顾客获得人人买得起的物美价廉的家居，大信家居企业获得良好的品牌形象和较高的顾客忠诚度，因此卖出更多产品，实现获利目标。这样就像滚雪球一般，企业与顾客都从中获益，更是互相促进形成更舒适的营销和购买环境，使企业和消费者都得到满足。

一、超级品牌，超低价格

获得国际设计"奥斯卡"大奖德国红点奖、世界TIA原创设计品牌大奖、中国工业设计最高奖"红星奖"、整体厨房行业国家最高奖"金勾奖"金奖,实现产品原创设计奖"大满贯",作为《伟大的变革——庆祝中国改革开放四十周年成就展》家居行业唯一入选企业,大信家居用单价仅是同类品牌一半的价格,同样的板材、五金、以及免费的设计服务、更优质保期向消费者展示了什么是真正为顾客创造价值。

大信从材料、人工、物流、营销等多方面控制成本,定制家具产品的显性成本构成主要是板材、五金等,因为板材主导着整个定制家具的价值和品质。不降低品质的一个最大前提就是:必须使用最上乘的材料。之所以说这是"显性成本",是因为更大的"管理运营成本",并不为消费者所知。比如说板材材料,一张大板的进货成本可能类似,但是每家企业的利用率却完全不同:同样一张大板,A企业能利用70%,B企业能利用90%,板材成本就有20%的差额。比如说人工成本:同样的产能,运营团队人数和信息化程度,直接决定了人员差异,同样是20亿元的产值,有的企业需要3000人,有的企业需要1000人,人工成本差异可能会有2倍之多。还有更多庞杂的成本构成,更加不显眼:能源电力成本、人员流动成本、广告推广成本、经销商补贴成本等。

加诸于产品的"运营成本",比之材料本身,更是一个庞大的数字。而这些成本,是产生高价的源头,但这些成本与产品的品质不完全相关。而大信家居,矢志不渝做最好的家具,而且要价格减半,所以控制成本,就成了企业终身的命题。

优质、优价,是大信的战略核心。在保证最优品质的前提下,如何才能降低成本?受到福特汽车发明流水线技术从而将汽车制造成本降低50%的案例启发,大信探索将大规模工业化生产与个性化定制相结合的方式,最终找到了两者结合的密码——模块化,并创造了"三边极效""六要合一""五维十方"的智能制造系统思维模式,发明了"易简"大规模个性化模块化智能制造模式。大信模式将76%的世界平均用材率提高到94%,将6%~8%的国际平均出错率控制到0.3%以内,将综合成本下降到传统成品家居85%,下降到其他定制家居同行的50%。

大信家居的每一个订单都是直接从终端一键下到工厂,所有终端同时段的订单在工厂汇成一个整体,不是人工拆单,而是系统直接拆解成一个个独立的"汉字"模块,通过大数据和人工智能计算出最佳生产批量。仅拆单一个工序,节省人力800余人,年成本减少近3000万元。订单通过大数据系统分发到不同的工位进行批量生产,通过批量生产降低成本,这样,车间就不用流水线,只以点状模块组合设备,一个组的机器生产一个模块,不需贴二维码进行识别。也因此,大信的制造成本在世界范围内,创造了中国示范。

我们都知道,经销商的经营成本中,物流与仓储成本居高不下,可能高达总成本的8%~15%。而大信的模块化生产打包模式,产品全部是整车货运,全国范围内,可以让经销商的物流成本控制在3%以内,同时大量减少打包材料费用。

作为运营成本最高的"营销板块",大信的做法堪称"奇葩":不做广告、不请代言人、不参加展会、不进入租金昂贵的卖场、不主动开拓市场。大信20年的市场发展,全国近2000家门店,其中消费者转经销商的客户占比竟高达35%,靠优品优价,走出了一条纯口碑经营之路。

"全世界大多数人都需要物优价美的产品。"这是人类美好的愿望,这也是大信的企业使命和崇高理想。控成本是大信的核心"基因",大信的成本控制与传统的成本控制又有极大不同,会有很多微小的细节,彰显着大信控成本的决心:比如,总部大楼为员工准备的健身器材,都是不需要耗电的设备。再比如工厂制造产生的"多余热能",会直接通向员工宿舍,员工洗热水澡的能量就来自于此。这样的案例不胜枚举。大信是通过一个又一个的技术手段,改变了成本的构成,进而大规模地降低了成本。

大信家居在自我革命的路上,也对行业进行了"价格上的降维打击"。我们期待更多勇于创新、敢于创新的企业,与大信一起引领行业实现规模化、标准化生产,不断提升发展质量。

二、全程贴心服务,展现独特关怀

随着服务经济社会的到来和物质文明的日趋完善,消费者的需求日益趋向自主化、多样化、互动化,人们对于物质产品本身属性的关注正逐渐减少，对通过与产品交互引发出的各种服务表现出了更多的需求，消费者越来越趋向于为"服务"和"体验"买单。目前服务已成为经济活动的中心，相应的，服务设计也成为设计活动的重点，无论是设计的服务形式还是设计的具体内容上都发生了巨大的变化。体验服务与产品服务有着本质的区别，因为它不是粗略设计的，而是按照人的需求作出精确的回应。服务设计于20世纪90年代逐渐兴起，最初与工业设计密切相关。国际设计研究协会给服务设计的定义是：服务设计是从客户的角度来设置服务。目前来看服务设计是一个系统问题，从用户的需求挖掘出发，系统性地运用设计学的理论和方法进行服务的创造与规划，以此产出高质量的服务，提升用户体验。这也就意味着，在服务经济时代，设计转变为以用户为主体的整合设计行动、人与场的关系重构的过程，通过精准舒适的触点设计引导用户感知，为用户营造饱满的体验感受。

为顾客创造价值不仅体现在以最优惠的价格获得性价比最高的产品，更体现在用优质的服务获得顾客的好评。想要让顾客对大信家居的产品产生一种尖叫式的好评，除了给顾客物美价廉的产品之外，还要给他意想不到的服务。顾客在定购了大信的产品以后，大信会给他建一个群，等到顾客家装进入不同的阶段之后，大信家居的不同服务员会进到这个群，这样既给顾客专业的服务体验，又不会因为群内人数过多给顾客带来压迫感或被打扰感。在这个服务的过程中，由不同的专业服务员为顾客服务，让他感受到，我们的产品是真真正正的物美价廉，并且服务也是高端且专业的。等到最终产品安装结束后销售人员会给顾客送上一个称之为装修嘉年华的惊喜，由专业人员按照顾客从到店选购到安装结束的整个过程，由工作人员精心的来留存顾客在每个过程中留下的珍贵的照片，在顾客安装结束之后，大信家居会做一个非常精美的音乐画册，在顾客不知情的情况下把这个意义非凡的特别礼物赠送给顾客。因为装修这个过程，对于每一个消费者来讲都是一个非常繁琐，甚至非常令人抓狂的过程，大信的工作人员就是通过这种服务方式来让顾客感受到选择大信家居以后他得到的不仅仅是产品本身，他还得到了服务，这个服务更多的不是橱柜的服务，而是整个装修过程非常细致的指导和非常贴心的服务。在设计阶段，销售人员会把设计师也拉进群，并且真诚地跟顾客讲：尊敬的顾客您好，您的订单现在已经进入设计阶段，现在我给您安排我们的首席设计师或者金牌设计师去为您服务。这个特殊的环节会让顾客眼前一亮，明白自己也是被真诚地用心对待的。超出了期望值的产品和服务，一定会让顾客的满意度提高。经过设计阶段、沟通方案以及一些细节的过程到安装环节时，工作人员会再把验收经理拉入顾客的交流群。家具行业中的橱柜，三分设计，七分装。装得好不好，它就需要一个验收来评定，大信家居是这个行业唯一有安装之后上门验收的品牌。具体流程为工作人员会在安装之后跟顾客讲您的橱柜已经安装完毕，为了给您的产品安装把关，我们会邀请验收经理进群。验收经理进群，方便顾客有问题可及时与专业人员沟通，记录一切特殊情况和遇到的问题，给顾客最好的收货体验，把"顾客就是上帝"这个人尽皆知的服务宗旨落实到位。因为说道底，建材行业本身就是一个服务性行业，服务性行业就要把服务做到精致，形成口碑，就必须要超出顾客的预期。超出顾客的预期不仅仅是价格的预期，还有服务的预期，让购物和装修过程成为一种愉快的体验，享受在大信购买家居用品的过程，这就是大信要创造的服务预期。大信家居所有的产品绿色环保要求优于国家标准；所有材料经权威机构每月抽检，并无限制公布；五金配件质保终身；柜类家具质保1年、设计寿命25年；烟机整机保3年、电机保终身；水槽核心配件阀芯质保终身；所有柜体采用双侧板，加板不加价，柜体更牢固；所有柜体免费加地脚，防潮防灰防地面不平；所有抽屉采用三节滑轨，承重更好，看得更全，用着更顺；所有铰链皆为四孔铰链、内置阻尼，经久耐用；所有气撑增加防尘套，隔灰更耐用，寿命增加一倍。通过平行销售法，给顾客创造更大价值，比如说风格的协调，安装一次性，运输一次完成，节省顾客的时间；售后服务全包揽，提高顾客安全感和品牌满意度，就是为顾客创造价值。

三、独特设计，让顾客舒心与放心

"模块化"是大信的设计核心，符合工业的批量生产的条件。文化传承与做企业是一脉相承的，大信必须两手抓。将阿尔文·托夫勒《第三次浪潮》通读过15遍的庞学元认为，信息科技能解决家居定制生产成本高的问题，而"模块化"就是大信的核心所在，只有模块化运营才符合工业的批量要求。而大信的"模块化"，是受中国文字启发而创造的。大信厨房博物馆用活字印刷方式呈现了《灶王经》。大信创始人庞学元说，中国5万多汉字，经常使用的只有3500多个，但拆解到最后都离不开8个笔画，这8个笔画就是汉字的标准模块。基于此，模块化定制就是在基本层面找到构成最大公约数或最大公因子的家居要素模块，然后用这些有限的模块去组合成无限可能的定制成品。

以家居视角看，"模块化"就是将标准化、通用化的零部件进行组合，就像组装汽车零部件一样安装家居部件，实现家居多样化。故以汉字为原型，大信通过收集10万个家庭数据，归类出6000多种国人喜欢的经典套型，总结出2800多个标准模块，而这些模块生成的数据存储于大信家居云计算中心。消费者选好款式、色彩、材质，云端可1分钟出效果图，然后指令发送到智能生产线上快速生产，4天就可出货。

"模块化"也让生产车间独树一帜。在五金件分拣工人旁边，一位工人熟练抓出一把螺丝说有35个，笔者一行细细数来分毫不差。交流得知，这堪比少林功夫"一抓准"的练就与模块有直接关系。庞学元指出，一个打包件需要多少个螺丝钉（或五金件），是根据模块计算出来的，标准模块带来重复，有重复就能产生记忆。员工根据标准模块的要求进行重复性训练，就能形成大脑记忆和肌肉记忆，从而练就"一抓准"的绝技。这是一个见微知著的案例，仅五金件分拣这个工序，同样的产量，其他同行企业通常需要40~50个人，而大信只需要4个人。大信家居抛弃传统的流水线生产模式，依托双分布双模块化生产模式，整个生产过程中没有拆单员、没有试装车间、没有包装用的泡沫……成为家居行业目前唯一一家实现无人拆单的企业，大信家居也破解了定制过程成本高、周期长、质量差以及规模生产难等四大世界性难题，为顾客谋福利。

"用信息技术服务客户，这是我们的理想"，庞学元说，"我们自主研发的信息系统和生产系统，像活字印刷的分布式模块化生产，将效率提高至业内平均水平4倍以上，生产成本却只有同行先进水平的1/2。"

在物流方面，大信家居的半成品按照"模块"原则进行仓储，配送人员根据订单进行模块组合发货，一旦出现差错调整模块即可，快速便捷。而其他厂商按照客户订单分别进行仓储，而每个订单涉及多个要素，发货时一个环节出错，整个订单都受影响，容错率下降，灵活性不足。4倍效率、1/2成本、"普惠"销售理念，让大信产品在终端消费市场有了极致的性价比。现阶段，大信家居年销售收入接近20亿元，总部员工仅400人左右，而行业中领先的一线厂商要达到这样的销售收入需要配置5000~8000人。中国工业设计之父柳冠中曾多次到访大信家居，并在其厨房博物馆题词"工业设计是传统的再造"，最早作为橱柜生产厂家起步，大信在厨房文化领域扮演了传承人的角色。

大信经过多年的积累和研发，依托中国独特的优秀文化与中国人特有的网状思维方式，创造了"三边极效""六要合一""五维十方"的智能制造系统思维模式，发明了"易简"大规模个性化模块化智能制造模式。"从1999~2005年，大信将自己收集到的10万套原始整体厨房设计方案进行整理，总结出4235套可称之为情报级的经典解决方案。大信通过研究将其上升到知识和认知层面，生成了大信原始的380个模块，根据这380个模块，大信的设计软件和原创ERP系统的搭建，形成了大信独有的"十方兼容"工业设计理论体系。2005年底，大信的设计软件和ERP系统成型，大信实现了云设计和订单的云计算，也成为行业中目前唯一一家实现无人拆单的企业。到2017年，大信的设计软件和ERP系统软件进行了9次的升级，模块也发展到了2326个，通过模块和软件的无缝结合，大信将全屋定制的无限制设计变成了美好的现实，让冰冷的机器懂得顾客的心。"庞学元介绍道。

"易简"大规模个性化定制系统获得诸多殊荣，并帮助大信完成了许多不可能完成的壮举，破解了定制产品在定制过程中成本高、周期长、质量差以及规模生产难的四大世界性难题，将定制家居国际水平的交货时间由18~45天缩短到最多4天；将定制家居国际平均用材率的76%提高到94%；将定制家居国际平均差错率6%~8%降低到0.3%……提到大信模式的功绩，庞学元如数家珍。最终，大信实现了定制家居大规模生产，且综合成本比定制家居行业先进水平降低50%，比成品家居行业先进水平降低 15%。一系列技术的创新，让大信家居定制家具的成本远低于成品家具，实现物超所值。具体表现为：293 种或更多的质感和色彩，56 类或更多的风格，以板式为基础的无限制定制，100 平方米住房面积全套定制家具和厨房电器（不含电视机、热水器、冰箱、洗衣机、家用电脑等其他家用电器），零售价仅在 5 万元左右。大信真的在用心诠释，顾客心满意足的笑容就是美好。

第三节　打破传统营销模式　让营销年轻化

一、家设计工厂，让选购增添活力

随着经济、文化和互联网的蓬勃发展，消费者的购物需求和购物形式、习惯发生很大改变，大型购物中心在迅猛发展过程中缺乏环境特色导致其对消费者吸引力明显下降，购物环境是提升消费者对大型购物中心兴趣的一大潜在优势。

大信集团打造家居设计工厂，让选购不只是乏味和机械化过程，更是一次舒心的旅行。总面积 8 万平方米的家居设计工厂，是大信家居与 2008 年北京奥运会会徽设计者张武携手打造的，该景区集展览、研究、教育、文创、休闲、娱乐、家居定制等多种功能于一体，包含 5 馆 2 中心 1 场 1 坊，即大信厨房博物馆、非洲木雕艺术博物馆、大信东方色彩博物馆、张武设计案例馆、大信企业馆；大信当代艺术中心、大信家居艺术中心；国家级工业设计中心美好生活体验场；高端家居定制工坊。而在半小时车程外的大信原阳三期工业园内，还有大数据云瀑布、游学中心、智能制造简易厅、大信家居定制体验馆、检测测试中心、智能制造可视中心等 10 余个特色观光景点，这两处可谓珠联璧合。大信家居的中国厨房文化博物馆，有珍贵文物 2921 余件，以汉代墓葬明器为主，包含陶灶、陶鼎、陶甗、水井、粮仓以及历代古本的《灶王经》、灶王年画等，藏品精美堪称世界之最，博物馆年均免费接待海内外学者和游客超过 7 万人次。这些展馆的出现，会让屈尊前来的消费者不虚此行，也为大信集团增添了消费者专程驱车前往位于市郊的大信家居工厂的可能，间接吸引更多流量、获得更多销售机会。

园区特色并不仅于此，还有更多年轻化、新潮的亲子概念落地，比如网红打卡拍照墙、咖啡厅、工厂遗迹、孔雀谷以及安全有趣的儿童乐园等。建立儿童乐园让由于无人看管只能随父母到大信家居工厂的儿童获得一个安全欢乐的游乐空间，也让家长们安心选择产品，减少他们需要照顾儿童而无法专心选品的顾虑。这是大信十分人性化的服务模式，都说家和万事兴，家中不免会有儿童需要家长费心照料，孩子开心，家长才能放心。大信在工厂设立儿童乐园这一举措满足了孩子爱玩的天性，也让家长们从看管儿童中解放出来，更好地进行家装的设计和交流。网红打卡拍照墙、咖啡厅更是满足了年轻顾客群体对网红经济、网红产品的热爱和向往。当大信工厂作为时尚聚集地，"来大信、作潮人"的口号在年轻人中大力传播开来，大信紧跟年轻人的步伐，甚至成为引领年轻人新潮流的家居品牌，在未来下一代当家作主后，大信会有更高更远的发展空间。因此，在大信以及顾客眼中，家居设计工厂是参观样本房和选择与定制家居的合同签署地，更是名副其实的"美好生活设计体验场"。

二、公众号赋予监督功能，让顾客安心放心

新媒体具有个性化突出、受众选择增多、表现形式多样、信息发布及时等特点，企业利用新媒体互联网树立良好的公共形象是非常必要的。而大信就很好地利用了自己公众号，树立自己专业性强，对环保事业执着追求且热衷公益活动的良好品牌形象。

在大信集团的公众号"大信家居"中，不仅有关于大信的品牌介绍、产品介绍，还有自2017年开始就每月更新的产品环保检测公示。从公众号中，顾客可以清晰地查找到这5年中每个月的产品检测报告。这一公示行为不仅能让顾客吃下这颗"大信产品的环保工作十分到位"定心丸，也能让顾客在每个月对环保检测报告公示的期待中加强对大信的监督，对大信家居的产品增添信心。在这个快节奏的、浮躁的社会中，对一件

事情坚持五年是十分了不起的，这一公关行为也帮助大信企业树立将环保进行到底的、对一件事情始终如一的品牌形象。

在公众号中，还可以预约工业旅游：无论是否是大信的顾客，所有人都可以在公众号内免费预约参观大信的中国厨房文化博物馆，并可以免费预约讲解。这一公益行为不仅体现了博物馆的建造者：大信集团在厨房文化方面的专业性和为打造理想的家居品牌所付出的努力成果之多，更让社会公众可以免费学习相关知识，感受中华文化艺术传承的魅力，了解大信为社会公益事业所作出的贡献。

第四节　本章后记

大信的企业宗旨不仅仅体现在口号上，而是实实在在落实到了实处。

2016年带领学生到大信实习，有几点感悟特别深：1. 大信的厕所都是没有大门的，用庞学元的话讲："两个卫生间都没有大门，这一层办公楼公司就省下两个门，7层楼就是14个门，你看14个门的费用省了吧，而且公司人多门开来开去还容易坏吧，这维修费也节省了，最有益的是，每个人进出卫生间就不用开关门了，也节约了时间，这都是成本啊，一举几得。" 2. 走进当时的仓储车间，因为扬尘，所以需要经常洒水，而洒水车都是用旧垃圾桶改装的，当时李馆长还很自豪地说这都是我们员工自己想出来的主意。这让我想起了记者对福耀玻璃曹德旺的采访，采访中有一件事我印象深刻，曹德旺先生跟记者说："要是说起我们员工做的事你都会感动的。一次我的员工发现用的一种粘玻璃的胶水，2、3块钱一支，但是用一次用一点就不能再用了，很是浪费，于是他就利用业余时间跑遍了整个重庆市，最后找到一款可替代的胶水，成本只要五六分钱，这样一年下来为公司节约了几百上千万元。"从大信的员工自制洒水车到福耀的可替代胶水最大的共性是员工把企业当成自己的家，能切身站在企业角度考虑问题。那这背后的机理是什么？是企业也把员工当成主人和家人，员工的高归属感自然对应高的工作主动性和积极性。

人民日报曾经点评大信：在河南郑州市，大信家居有限公司通过产品设计定制化服务，不仅设计周期大幅缩短，客户满意度也明显上升。①"传统的家居制造业产品都是预先设计，批量化生产，然后让客户挑选，但在挑选过程中容易出现成本高、周期长、设计不如意等问题。"大信董事长庞学元说，"通过提供优质的设计服务，让客户全程参与，难题迎刃而解"。在软件支撑下，个性化设计图像可以转换成数字代码，经过计算优化成最佳批量生产指令，通过物联网传递到制造和配送平台，四天以内便可出货，真正把顾客的利益放在了第一位。

央广网 2022 年初采访了庞学元，他指出："创新能力不足，就是传承不够充分。"用庞学元的话说："工业设计就是传统的再造，从生活里找到基因，然后设计出中国国风的作品，在此基础上，一步一步走出来。从这里找出基因，找到中国优秀传统文化的源头活水，赋能产品，最后走出一条创新之路。通过设计来实现知识的自动化，从文物里走向工业化、产业化、智能化，这是 2022 年乃至'十四五'时期大信公司要做的事。"可以看出大信一直有着自己的坚守和对顾客的责任。

用菲利普·科特勒 2021 年演讲的话讲："营销太重要了，不能只留给营销人员。运营、财务、会计和人际关系部门的员工都必须协助为客户带来最佳体验。幸运的是，如今的公司正朝着利益相关者的观点发展，而不是股东对企业的看法。米尔顿·弗里德曼（Milton Friedman）认为公司的唯一目的是为股东赚取利润的观点已经过时了。只有与所有团队成员——客户、员工、供应商、分销商、社区以及整个星球——分享公司的盈利能力，公司才能变得伟大。员工尤其需要感到他们的努力得到了充分的回报，他们得到了保障生活的工资。没有什么比一家员工不符合公司宗旨、只需尽最小努力就能过活的公司更有害于业绩的了。"

上海财经大学王新新教授在他的公众号"品牌新说"中也提到："伴随着品牌领导制的实施，品牌管理的另一种策略——企业内接触点管理——也越来越被人们所重视。企业在品牌管理中发现，无论原来的广

---

① "制造+服务，加出新活力"，《人民日报》2020 年 8 月 19 日。

告效应多么好,但是只要顾客与员工接触时感觉不好,凭借广告树立起来的品牌形象会瞬间崩塌。所以,员工与顾客接触时的行为表现才传达了品牌最真实的信息。于是,'员工本身就是媒体,员工行为就是广告'的观念逐渐深入人心,企业内部的'品牌接触点管理'越来越受到重视。"

| 第四章 |

大信家居顾客执念：为员工和经销商创造价值

> 因为通过努力每个岗位上的大信人
> 都成为行业中的高峰
> 每个大信人都凭实力诠释着
> 海阔无边天作岸
> 山高绝顶我为峰
> 我们的努力定将让我们笑遍世界
>
> ——庞理（大信家居CEO）

第一节 大信为员工创造价值

企业注重内部营销，也是为顾客创造价值的方式。通过一系列相互协调的类似市场营销的管理活动提高员工为客人服务的积极性，并逐步在企业内部塑造一种新的以服务为导向的文化氛围，使全体员工都具有为客人服务的意识，从根本上促进企业文化的传播，提高服务质量，最终提高企业的市场竞争力。内部营销使员工热爱公司的品牌，进而才能让他们去说服客户热爱这个品牌。大部分的员工不会主动热爱自己的公司和它的品牌，有些人工作就是为了养家糊口，不会将自己的利益与企业的利益完全挂钩，只为得到和自己工资有关的绩效。但是若对员工进行内部营销，使员工有主人翁意识，不仅可以提高员工忠诚度，而且还能更好地提高顾客的忠诚度，为外部营销提供保障。基于服务营销实践而发展起来的营销思想，把产品或物品（goods）看成是提供服务的"手段"，强调互动，强调长期关系的建立和维护，被冠以"关系营销范式"并与基于快消品营销实践而形成的重视有形产品交易的"交易营销范式"形成对照[1]。

内部营销是企业文化的体现之一，也是构建企业文化的途径之一，其本质是接受服务、传递服务，使企业愿景起到激励作用。企业有了良好的愿景、战略和战术实施的核心，仍然需要内部营销。只有借助内部营销，才能将这些理念渗透到员工中去，在企业与员工之间建立起牢固而深厚的感情纽带，将使员工有一种被尊重的主人翁感觉，而这种感觉会促使他们与高层管理者保持一致。否则，再好的愿景、战略、目标都无法执行企业的变革。

愿景本身就是一种激励，当企业的每一个人都用愿景规划激励自己的时候，企业才能成长。在员工深刻理解企业愿景的基础上，要让员工认识到企业现状与企业愿景之间的差距。企业通过内部营销对愿景的渗透，以及对愿景与"现实"之间的展示，对员工实施激励，使得员工的工作做得更好，提高服务质量。人在面对未知事物时总是会选择试错成本最低的方式，通过减少公司内部人员流动，使得公司相对固定的人员可以优先取得顾客信任，让顾客在复购或是为企业介绍新客源时能与原先有过合作的企业人员进行联系，这样可以减少顾客的时间成本，因此能减少顾客流失，增加顾客黏性。

服务营销三角形理论认为，企业、顾客和服务提供者是三个关键的参与者，服务企业想要获得成功必须开展外部营销、内部营销和交互营销，这三种类型的营销活动相互影响、相互联系，共同构成了一个有机的整体。为了在激烈的市场竞争中取胜，针对目标市场的顾客，企业需要进行外部营销，外部营销的功能主要是向顾客做出与服务有关的承诺，包括向顾客表明企业将以某种渠道、某种价格提供某种服务等。而内部营销则是提高服务质量的前提。服务质量由可靠性、响应性、安全性、移情性和有形性等五个维度构成，服务人员直接影响到服务质量的这五个维度。可靠性要求企业能够按照承诺准确无误地提供服务。而服务往往是员工来提供，在很大程度上，服务人员决定了能否及时准确地提供企业所承诺的服务；从响应性来看，要使员工能积极主动地帮助消费者，企业不但需要以顾客为中心来制定相应的服务标准，还需要开展内部营销，在与顾客接触的地方雇用有较强服务意愿的人员，不断提升他们的服务能力与水平，使员工能够自发地帮助顾客；安全性维度高度依赖服务人员激发顾客信任的能力。服务人员在与顾客接触的过程中，既可以与顾客建立良好的关系，增强顾客对企业的信任，为企业树立良好的形象，也能够破坏顾客对企业的信任，使企业声誉受损。移情性要求企业站在顾客的立场上，关注顾客的需求，向顾客提供个性化的服务。服务企业唯有依靠员工，才能专注、灵活地向顾客提供个性化的服务；由于服务具有无形性，顾客在判断服务质量时，往往通过一些有形物来评价服务的质量，因此，服务人员的穿着打扮、言行举止，就成为顾客判断服务质量的线索。由此可见内部营销是提升服务质量的前提，唯有对员工做好充分的内部营销，才能提高服务质量，进而为顾客创造价值，实现企业与顾客的互利共赢。

在如今这个竞争激烈的社会，如果有一个企业积极承担社会责任，为员工创造价值，不仅仅是在为员工谋福利，更是在为自己创造竞争优势，使自己在众多竞争对手中脱颖而出，成为行业翘楚。其实当企业在为员工创造价值时，同时也是在为企业本身创造价值，当一个企业对员工忠诚，切实考虑员工的利益时，员工也能真实地感觉到，这样一来员工也会反哺企业——成为企业的主人，切实为企业考虑，从而为企业创造价值。忠实的员工会带来忠实的客人，企业可以通过增加员工福利，提高员工满意度来提高员工的忠诚度。员工满意意味着员工对企业未来发展有信心，更愿意留在企业工作，从而使得员工忠诚度提高，工作效率也会随之提高，他们可以为顾客创造更多的价值。

当顾客在购买产品或服务时，总希望把成本降至最低，而同时又希望从中获得最大的实际利益，以便自己的需要得到最大限度的满足。企业向顾客提供的产品及服务，只有比竞争对手具有更高顾客价值才能赢得顾客满意。顾客满意带来顾客忠诚，企业的一切努力就是要不断提高顾客忠诚度，因为顾客忠诚度的提高会使企业盈利能力增强。没有顾客购买企业产品和服务,企业固然无法生存,但是如果缺乏优秀的员工,没有企业各个环节、每位员工的协同作用,企业也是很难提供优质服务的。有研究表明,企业为员工创造价值,会为所在企业带来更多的经济效益,同时为社会带来更多的社会价值。企业主动将其利益与员工利益捆绑起来,并与员工共享发展成果,可以影响员工更加努力积极地工作,也可以更好地吸收外来优秀员工,进而促使企业与员工之间更好合作,节约成本。与此同时,企业为员工创造价值,不仅可以改善员工工作态度、对公司的忠诚度,减轻员工的生活压力,还可以改善企业和员工共同应付困难的能力,有利于避免员工频繁跳槽所带来的困扰,进一步节约管理费用、招聘成本等,从而有利于企业增加价值的创造。而大信和他的员工正是这样,二者相互成长,并为彼此创造价值,形成互惠局面。

一、关注薪酬福利,保障员工利益

在薪酬福利和社会保障方面,大信为每位正式员工提供五险一金,并且大信所提供的薪资也高于同行业的一般水平,另外大信为员工身体健康着想,设立免费的健身房供员工使用。那么这样一来,员工既不用担心如何维持家庭开支问题,也不用担心长年的工作造成健康问题。于是员工便可以去追求人生价值,追求自己能不能在整个人生历程中体现什么?能不能为其他人创造些什么?能不能为顾客带来点什么?通过访问大信的一些员工,我们得知大信的员工一直都把大信的事情当成自己的事情,他们并不认为自己是来打工的,他们认为既然选择负责这个事情,就要把这件事情做好,如果没有干好,他们的一生便体现不了应有的价值。大信的员工达到这种境界不仅是因为员工们的自觉,也是因为大信的企业文化已经融入了员工的思想当中,同时也渗透到员工的心里面去了。大信的品牌宗旨是:心系顾客,用心去做中华民族的好子孙。使命理想是:为人们提供物美价优的产品,是大信的品牌使命和崇高理想。行为规范是:良知除心贼,踏实治百病。品牌口号是:用心为全民设计。这些都不是空洞的口号,而是这个企业做事的行为准则,正是因为这些行为准则和大信完全保障了员工们的利益,员工们才能尽心尽力的工作,为大信的美好未来添砖加瓦。

二、搭建成长平台,造就低离职率

不管在哪个行业,优秀的人总是能够得到别人的关注,总是会有人想要将优秀的人都招到自己公司名下,大信的员工也不例外,但是他们面对诱人的条件,并没有离开大信,而是一直忠心耿耿的为大信服务。问及原因,大信的总经理这样说道:"你给我再高薪我也不走,为什么呢?因为你今年给我高薪,大信也会给我,而我在这,庞董事长放手让我大胆干,什么都敢试,也信任我。"庞学元经常对员工这样说:你去干吧,你有思路你就去干,成功是大信的,不成功也是大信的。而在其他企业里,似乎没有人敢这么大胆让员工放手去做,而当员工放不开手去做事情时,一定程度上是做不好任何事情的。但是在大信这里,老板给员工足够的信任去做自己想做的事情,这样一来员工就会有无限的想象力。当一个人拥有充足的信任和无限的想象力时,就会创造出意想不到的业绩。正是因为如此,大信才会拥有比同行业其他竞争者更多的专利和殊荣,这其中有很多都是因为大信充分相信员工,敢于让员工放手去做而得来的。这样不仅仅让大信获得了很多专利拥有权和荣誉,更让员工得到了成长,并让员工找到成就感,使得员工更加努力为企业工作。所以当物质条件到达一定程度的时候,物质已经不是最重要的。别的公司给的待遇再丰厚,提出的条件再好,在这样的一个企业中的员工也不会选择离开。就像大信公司的员工所说的:"给再多钱我也不去,我现在生活就已经很幸福了,生活不愁,我干嘛呢,自己价值上能提升多少,我能给大信创造什么,为顾客带来什么,实际上员工和大信老总是一种亲情,亲情你怎么都割舍不下的,大信就是我的家,我哪也不会去的。"在大多数人眼里可能这是不能理解的,毕竟谁不想多挣点钱,过上众人认为的好日子。可是在大信这里,最重要的一点是——员工的创造能力不会得到禁锢,可能员工在创造中会出现错误甚至是一些重大失误,但大信并不会因此去责怪他,而是鼓励员工去进行创造,不用顾忌做错了公司会不会处罚自己,大信会给员工足够的信任,让员工放手去干想做的事。正是因此，大信的员工才不会轻易离职，而且每位员工都为公司尽心尽力。这正如社会交换理论的互惠原则所说的：企业对员工的信任必然会激励员工，增强员工的积极性和创造性，降低员工流动性，这样不仅提高了企业的经济效益和管理效益，最大程度上的挖掘了员工的潜力，而且也增强了员工对企业的忠诚度。其实这不单单是员工对企业的忠诚，也是企业对员工的忠诚。在企业与员工的双向忠诚中的互惠，正如上文提及的不只是物质层面的互惠，即企业为员工发放合理的薪酬和福利，员工为企业获得利润；还包括精神层面的互惠，即企业为员工提供稳定的工作、良好的发展空间、认可员工的工作，员工在思想意识上同企业价值观、发展方向保持一致等。这样一来，二者双向忠诚，企业和员工都得到益处。

三、孝顺为先，利益为后

大信在招聘员工时有一条准则——员工必须孝顺。中国有句老话——百善孝为先，如果一个员工对自己的父母都不孝顺，从不心怀感恩，那么他还会对谁感恩？还会对顾客感恩吗？即便顾客是给员工工资的人，不孝顺父母的员工会感恩顾客吗？没有这个感恩的心，工作能做好吗？因此大信公司选人的首要标准就是孝顺。在孝顺和企业利益两者之间，大信可以允许员工义无反顾地选择孝顺，不会因此对员工进行处罚。大信这样做，因为榜样的力量是无穷的。如果在家庭中你孝敬老人，那么在工作的过程中也会反映出来，一个孝顺的人在工作过程中也会认真对待每一件事情。你在工作单位的情形，比如开例会，开完例会闲聊，闲聊到正能量的东西，无形中就影响着其他员工。实际上就是一种榜样的力量，越是在企业中这种无形的东西就越重要。因为企业和员工之间始终是如影随形的，不可分割的一个有机整体，只有当企业自身的价值观能够影响员工时，员工才会有良好的工作态度，进而可以创造优秀的企业文化。另外，社会认同理论认为，人们对自己的社会范畴的认知受到多种原因的影响，如家庭、工作单位、居住城市等这些外在环境。因此，要想让员工有更高效的工作，创造出更多的企业价值，就应该让员工能够认同企业的价值观。在大信里就是这样的，员工极度认同公司的价值观，也才有了如今员工非常忠诚大信。大信从建公司的第一天起就建立了一个规矩——只要是大信公司的员工，如果父母生病，不用写请假条。因为大信老总相信谁也不会谎称自己的父母生病，然后出去玩，即使有员工想说谎了，这个员工自己良心也受不了。毕竟在这样一个认真对待员工，重视孝道的企业中，说出这样的话会让自己非常愧疚。在大信公司制度里也规定了只要是以看望父母为请假理由的，都是全额工资，最长的三天半，留岗位发工资。古人常说：君，舟也；人（民），水也。水能载舟，亦能覆舟。赢得民心，是如此的重要。而大信的这一做法，虽然看起来微不足道，但是却赢得了广大员工的心，让广大员工愿意为大信服务，并且这一做法也传承了中国的孝道文化，让中华文化源远流长。

就像上文所提及的大信的企业文化已经渗透到员工的思想中去了，渗透到每个人的心里去了，而且也正是因为大信毫无保留地信任他们，他们也愿意为公司尽心尽力的工作。可以看出大信的企业价值观不仅仅只是存在于企业与员工之间，也深刻地影响到了员工的家人们，这也足以体现员工对大信的企业价值观的认同，同时这样的企业价值观也造就了员工们的低离职率。

四、满足员工需求

大信专门为他们的设计师建立属于设计师的快乐家园，以启迪设计的灵感、激发设计师的创造力。在大信总部大厦顶层，建立了孔雀谷设计室、1200平方米打样中心、450平方米专业产品摄影棚、1750平方米健身房、多媒体会议室、520平方米培训中心，产品发布和餐饮住宿等堪称完美的专业工业设计系统，如同一个强壮灵敏的肉体，毫无偏差的与大信独特的工业设计创新流程相匹配，成为设计师实现自我的乐园，乐此不疲。虽然在满足员工需求方面，增加了大信的成本，但是当企业切实满足了员工的需求之后，能够激发员工的工作积极性，更加努力地为企业工作，提升企业的效益。

对于定制家居高度专业化、技术化的行业，专业化职业化的经营体系在很大程度上决定终端的成败。而这个行业的生产技术工人伴随着行业发展也变得奇缺，如何保证员工的忠诚，与企业发展共同进步？这是每个企业家思考的问题。大信的生产体系，大量员工在企业的工作时间都达到5~8年，最长的有15年之久，正因为有这些超级熟手，成就行业羡慕的低人员流动，所谓熟能生巧，德国原装进口设备一台价值达到上百万元，而大信的设备清一色国产，既要保证产能又要保证品质，庞学元认为国产设备完全可以胜任。大信告诉没有太高学历的工人明确而简单的品质诉求：不崩边，就是国际品质；用合适的设备制造出优质的产品等。员工为库存而生产，库存满即可以安排下班，这是在许多企业不可想象的事情；而且由于员工很多来自农村，逢农忙时节，大信还给全体员工放假回家帮助家里割小麦；大信还提供员工创业基金，给员工成长机会，让员工成为企业的主人，反哺企业，自发为企业贡献自己的点滴力量，这已经成为大信员工的自主工作行为。

第二节　大信家居顾客执念：为经销商创造价值

现代市场经济条件下，市场竞争实质上就是争夺消费者。只有消费者才是企业生存和发展的基础，消费者关系对于企业的经营和发展具有愈来愈重要的影响，这对于处于完全买方市场条件下的中国企业尤为如此。

计划经济时代是"皇帝的女儿不愁嫁"的"卖方市场"，市场"竞争"表现为众多的消费者"争夺"有限的产品，而现在的市场格局则是老百姓"持币待购，货比三家"的买方市场，市场竞争则表现为众多的企业争夺更多的消费者。经销商是联系企业与消费者的桥梁与纽带，对以企业——经销商——消费者的营销网络模式为主的中国企业来说，加强经销商关系管理正是营销管理的主要内容之一。许多企业就是因为忽视了经销商关系管理，使网络体系非常脆弱，企业与经销商关系不稳固，造成营销网络混乱，物流不畅，营销业绩下滑。大信正是意识到了经销商对企业的重要性，再考虑自身利益的同时，也积极地为经销商创造价值，同时加强与经销商关系的管理，建立稳固的经销商关系，形成利益上的战略联盟，实现双赢。

一、不收加盟费和保证金

"天下熙熙皆为利来，天下攘攘皆为利往。大信不仅力图让顾客满意，而且努力让代理商赚钱。"这是大信面对加盟商的一句话，在一些人看来，这可能是徒有其表的一句话，但是大信的的确确做到了。大信一直以来都把经销商当作亲人，大信的每一次升级和改造，总是想尽一切办法，测试了无数种的可能，才会推广给经销商。而且一般来说，品牌加盟合作，往往需要交纳加盟费和保证金。加盟费作为一种独特的商业经营形式，它是品牌持有人将企业品牌的无形资产按合同规定，在统一的经营模式下从事业务活动，加盟人向品牌持有人支付的一定费用。保证金是合同的履行所提供的一种金钱保证，并在双方合同到期或者依法解除时才予以退还。一般来说，加盟费是不可以退还的，是加盟某品牌所需要缴纳的费用。而保证金是可以在合同规定的时间内退还给加盟者的。但是，保证金是需要达到品牌要求才给予退还或抵销的一种担保风险。加盟商仅仅获得的是一个品牌效应，对加盟后是否能够获利，无法保证，这对于加盟商来说是一个非常大的风险。因此，这让许多有加盟想法的商家望而却步。但是大信却另辟一条道路，成为家居行业内唯一一个不收加盟费和保证金的企业。大信对经销商的政策就是既不收加盟费，也不收保证金。这样就让想要加盟，但又担心加盟费和保证金可能会付之东流的商家，摒弃这种想法，毫无顾虑地加盟大信。正是因为这样，才会有许多的经销商一直长时间跟着大信走下去。在大信，除了货要钱，别的什么都不要钱，是真的亲如一家人。就像参加大信2019年年会的一位经销商，当被问到：您对加盟大信19年的时间里最大的感受是什么？经销商这样回答道："我最大的感受，是心里非常踏实，跟着大信一路走来，心里很踏实很舒服。"虽然这只是简简单单的一句话，但是却足以透露出大信是在真心实意地对待经销商，像对待家人一样对待经销商，不然怎么能让经销商真情流露地说出"踏实"二字。

大信对所有的经销商严格实行区域保护政策，保证每个经销商都能在其所在地区有利可图。比如说像北京这些大的一线城市，大信会允许多个经销商开多个店。但是像在郑州这样的二三线城市或者是四五线城市，大信只会让三四个经销商存在。而在一般的小县城或者其他比较小的地区，大信要求只能有一个经销商存在。对于区域管理，大信目前有13个大区总监，每个大区总监管理两到三个省，每个省下面都会分区，每个区都会有经理来进行管理，一个区域经理可能会管四五个城市或者五六个城市，根据市县区来进行划分。也就是说，以省为单位，然后再划分到市县区，最后是乡镇。到目前为止总共有1800多个店，国外也不乏有一些经销商的存在，像在马来西亚、印度也都有专卖店。

二、"三边极效，六要合一"，助力经销商盈利

很多时候商家进来好的东西卖不出去，进不好的东西还是卖不出去，有的东西卖得好有的东西卖得不好。为什么会出现这样的局面呢？大信观察到现在许多经销商在都面临这样的情况，经过长时间的研究，大信终于研究出一个系统——三边极效，六要合一，来解决这一问题。

（一）顾客的支付能力

现在很多企业在生产产品时都没有考虑到顾客的支付能力，在参加企业家座谈会时，有的企业强调高端，这个也不完全对，就只想着自己要做高端产品，但是忽略了顾客目前对于定制家具的支付能力。这样一来就会造成生产出来的产品，无人购买，利润与成本不对等就会对企业造成一定的负面影响。为了同时满足顾客支付能力和顾客需求，大信将顾客的需求改为定制需求，从而达到让顾客满意。另外就是需要考虑到产品的竞争力，产品对于商人来说就是竞争力，不管是现在还是未来，市场一直是竞争的，产品是企业的一个盈利手段，其目的就是竞争，竞争的结果就是盈利，没有结果就没有盈利。

那么对于顾客来说支付平衡需要什么呢？答案是需要设计和品质，

设计和品质之间找一个最大的平衡，大信将此称之为"三边极效"。为了达到"三边极效"，同时要考虑到顾客的支付能力，应该在设计时就考虑到产品设计到什么程度最合理，不是说品质做到最好就是最合适的，而是满足顾客需求的才是最合适的，这样一来绩效和成本都有所提升，大信将其称为"三边极效，六要合一"通过这个原则，大信的经销商们以此为基础君子不弃，一以贯之，这个事一直干下去，一直做到现在。

大信认为检验创新，是否正确的唯一标准就是自身的竞争力，从顾客的角度来讲就是顾客的满意度，从企业来讲就是竞争力，大信目前能做到什么程度呢？大信定制家具已经达到了国际平均水平。目前世界平均水平是18～45天，像德国在18天左右，而大信最慢也才4天，生产效率的提升就是大信一直所提及的"三边极效"。

（二）极致用材，绿色发展

大信在整个生产制造的过程中一直秉持"极致用材，绿色发展"的理念，通常传统家具企业是预先设计，批量生产。但是大信要保证没有库存积压，有顾客才有产品，有订购才有生产；设计在先，依需订产，减少了在产品库存中必须经过运输、保存带来的人力、物力和财力上的消耗，也是大信环保的体现。同时，大信将定制家居国际平均用材率的76%提高到94%，而且比非定制传统成品家居平均用材率的89%提高了5%。将6%～8%的国际平均出错率控制到0.3%以内，是世界最先进水平的二十分之一。

（三）极低成本

高技术创造低成本，大信的低成本并不是省出来的，而是因为大信的生产效率高，用材率高，没有库存，每样产品都是先有顾客后有产品，这样一来就能高技术驱动低成本，成本驱动价格，支撑性价比，创造企业在顾客中的竞争力。目前，大信综合成本定制家具比同行业其他商家已经先进了50%，这是说大信的出厂价比他们低50%，为什么能与其他企业相差如此多呢？因为大信从材料、人工、物流、营销等方面控制着成本的输出，这样才造就了大信的低成本。

三、"零库存 + 超时空效率"

大信颠覆库存概念提出"零库存 + 超时空效率",设计在先、依需定产,产品是零库存、金融零风险。大信家居做了这么多年,利用大数据云人工智能计算先知先觉大批量精准生产,创造"负时间",获得超时空效率。那么这个"负时间"是怎么回事呢?这是大信它自己发明的一个词,每个月大信都会根据上个月的大数据来预计本月大概需要多少件产品,一般的产品生产需要5天一个周期,那么大信会提前两天就开始准备板材,到真实的大数据传到生产部门的时,工厂就已经全部生产完成了,这样一来大信就将原来订单来之后再生产的时间给节省出来了。而大信就将这个节省出来的时间称之为"负时间"。众所周知,橱柜是欧洲的舶来品,欧洲的定制家居是典型的标准化生产管理模式,但中国建筑的不标准性、不规则性造就了"中国式厨房",80%以上的中国橱柜品牌采取了大量个性定制加部分标准化生产的模式,高度个性化产品导致了终端的高价格,也导致橱柜行业整体规模"做不大,做不强"的局面。同时,这也导致了定制家居行业领导品牌的市场占有率不到10%,远低于成熟行业的品牌占有率。传统定制家居经营模式是——接到订单,报价、审图、拆单、生产、质检、试装、入库、发货等,这样的制造流程,不仅参与人员众多,而且对员工的专业度要求高,差错率在所难免。标准化生产库存管理模式一直是行业人士研究的课题,但却苦于一直找不到解决方法。而大信的管理模式是彻底颠覆行业习惯的,将标准柜精简到193个,全部实行库存化管理,库存化生产;仓库随时保持有3000万立方米左右的标准柜体库存,员工只为库存而生产,而不是为订单,补完库存便可以提前下班。仓库有6层楼高,约3万平方米,将仓库作为运转核心,当天入库存,3天内出完,快进快出,平均周转率26圈,远远高于同行业其他企业。大信家居将标准化生产管理模式的难题解决了,但如何解决标准库存产品与定制家居的定制化特点?对于大信家居来说,因为标准化产品的规格都是一定的,不会根据消费的需求而做出改变,因此大信家居将标准化产品仓库作为运转核心,让仓库一直保持3000万左右的标准柜体库存以做好备货，这样一来，便可以让大信实现快速交付，也会使得经销商的下单及交货变得高效。类似于堆积木式的下单，每天为成千上万的家庭生产数千套互不关联的定制家居产品，无须拆单，无须试装。大信的下单流程是门店只要配柜子，而不是下板件，这是和其他企业最大的区别。下单就像点火锅，在菜单上划对勾即可。而因为有标准柜库存，交货可以在 7~10 天内搞定，这样短的交货时间在定制家居的企业里是难以想象的。同时这样一来，大信就可以有 30% 的资金暂不动用，也就是说顾客先支付给大信的钱不会立即用于生产，因此这个钱会在一段时间内得到闲置，而大信也就因此多出了一部分流动资金以便其他项目的资金周转，大信就可以先使用着，故这一部分钱是没有成本，还能给大信带来极大的效益。

对于经销商来说，大信这样的做法无疑不是一个非常大的福利。不仅考虑到了经销商库存的问题，还考虑到了资金周转的问题。经销商的仓库储存量一般不大，堆积不了太多的库存，但是如果客户紧急需要家具，经销商再通知总部，总部再紧急生产，很有可能在顾客要求期限内生产不出来，而现在大信这样的做法能够很快地满足顾客的需求，不用等待很长时间就能得到自己想要的商品。如果经销商没有多余的资金可以周转，只像传统的经销商和总部那样合作，经销商可能最终会因为资金没法周转而破产，大信的做法可以使经销商有一定的能力让资金周转，让经销商有能力去做一些其他可以创收的事情。

四、大数据处理订单，节约成本

大信的所有经销商都是通过互联网连接的，销售数量和销售额都是可以在线上查到的，全部都是同步的，无论是供应商还是客户还是大信本身，商家本身就等于是一个协同整体，在数据库下统一联网，统一的商品名称，货号都是一个。这样就是当有一个顾客在某一个经销商那里定制了一套橱柜，顾客所买的商品的数据就会立刻通过网络传输到数据库里，总部根据数据来分解这个订单，该到哪个车间就到哪个车间。因为他是协同，在协同的情况下，这些数据是不能来回的，因为这些数据先传给总部，总部再传给厂家或者再传到车间进行生产，这样来来回回的进行传送可能会出现很多错误。现在大信已实现消费者需求一经上传，总部就开始根据数据进行分拣，这是个大数据计算中心，如果是需要某一个车间的标准柜体，那这个单子到了该仓库，直接就可以通过了；如果是一个非标件到了这个车间，那么该非标件会自动拆单，直接到大信的一号车间，如果这个柜子还有门板，门板是二号车间，此外还有刀型车间，即三号车间，系统会自动拆分，下单到门板车间二号车间和三号车间，各个车间各司其职，依照指令生产。

顾客的订单一种是橱柜或是全屋定制，另外一种就是净水器或是抽油烟机定制，顾客所有的订单都会通过网络传输到大信的数据库中。但是大信对于这两种订单会有不同的处理方式。对于像净水器或是抽油烟机这样的订单，大信会选择将该订单截留，截留是为了保证时效，因为顾客下订单后提交的时间，一般会7天发货，如果大信库存里有，便可以直接发货给顾客，如果没有，大信便汇总一个单子，输送给经销商。这样不仅节省了时间，还降低了库存的压力。相对于这种订单的截留，橱柜类的订单选择的是将像柜体这类标准化部件进行截留，但像门板这类需要定制的产品，大信便实时将这类订单上传到数据库进行分解。

五、设身处地为经销商着想

大信建造了博物馆和20个实景样板间，很大程度上是出于为经销商考虑，提高经销商的利润。用庞学元的话说，经销商呢，就需要降低成本。由于大信的产品种类多，而且很多家居产品体积大，如果让每家经销商都去建造一个大店面，成本就会很高，而且产品还展示不全，大信的企业文化也不能让顾客了解。因此大信要建造一个更大的店面，利用郑州交通枢纽的地理位置优势，以高铁4个小时为半径，可以让区域内的经销商带领自己的顾客来实地参观大信，不仅借助于20个大信建造的样板间让顾客看到更多的产品，也能看到产品搭配形成的家装色彩和风格，同时看到大信的博物馆群和大信的企业理念和文化，从而让消费者更认可大信品牌，简单说就是做好了经销商的后盾，解决他们的盲点，尽企业最大的能力提高经销商的销售额。记得一次采访庞学元时他就直接指出："店面变小则容易活起来，大店变成一个小店，把高铁费用变成开店的成本，高铁成本是低的，而且是可变成本，顾客来了就有，不来就没有。把产品做到八万个，做出来之后比现在郑州的宜家还要大1.5倍。"而且为了解决带孩子顾客的后顾之忧，大信还专门建造了一个比较大的儿童乐园，以方便顾客逛店时，孩子有地方安放。当然他们的儿童乐园也对社会开放，一次我去大信调研就碰到一对老年夫妇带着小孙子在里面玩耍，我问他们会经常带孩子来吗？对大信的印象如何？他们直竖大拇指说："天气太热附近也没有带孩子玩的好去处，幸好大信建造这个游乐园，关键还是免费的，真好！"

其实大信不管是对经销商还是员工，都是本着以人为本的思想进行合作的，大信不管是在大事情方面，还是在一些细枝末节的事情方面，都细心地为员工和经销商考虑。如果有合作商或者是经销商来大信，吃饭从来都是选择在后面食堂，大信的工作人员到经销商那里也是如此。如果需要住，大信的工作人员在出差之前就会提前把宾馆订好。为什么大信要预先订好呢？因为大信考虑到，如果对方给他们订宾馆的情况下，一般订的级别会更高一些，非常浪费钱。其实大信员工住个一般的宾馆就可以，这样就节省了对方的费用，进而降低了成本。毕竟经销商招待大信的工作人员也需要成本的，真是需要吃饭的话大家坐一起吃个饭，尽量简单化，不喝酒不抽烟，这个成本就又降低了，招待费也少了。

大部分企业的经销商，营销理论知识缺乏，营销观念和销售方式落后，这在很大程度上制约了经销商业绩的快速增长，同时由于经销商从市场上直接赚取利润的难度较大，许多经销商会通过赊销、降价、增加返利转过来向企业要利润，使企业利润率降低，但企业往往会为了市场一忍再忍，一让再让，陷入被客户牵着鼻子走的局面。《哈佛管理全集》中指出："送其一鱼救其一日，送其以渔获益终生。"所以关键要教会经销商生存的本领，教会经销商向市场要利润的能力，才能实现企业和客户的双赢战略。企业要通过经验交流、集中培训、参观学习等形式，努力提高客户尤其是总经销商的业务素质，增强其业务开拓能力，向市场要利润，实现良性循环。为此企业必须建立一支高素质的营销队伍，提高营销人员的服务意识，帮助经销商进行市场调研、策划、促销、铺货、产品组合等，增强经销商的业务能力，尤其要提高总经销直接向终端客户的分销能力，提高物流速度和营销效率。大信正是想到了这一点，他面向所有的经销商不管是在上文提到的微信营销方面，还是在整个销售、售后以及安装方面，都提供免费的培训。对于员工培训，大信允许每个月培训5天，一般都会培训一些工作技能。另外大信还有专门针对店长、导购以及设计师的培训。对于导购的培训，因为导购的主要任务就是卖产品，因此大信主要对导购进行销售技巧培训。而对于店长，就是针对他的职能来进行一些管理上的培训。对于代理商，大信的培训内容就是对大信整个的营销模式进行学习。大信每个月都会提供至少一次的培训会，每个人都可以报名。大信提供免费的培训不仅能够提升经销商的整体水平，让顾客感受到大信的魅力所在，进而提升产品的销量，增加经销商的利润；还能够吸引更多的加盟商参与进来，扩大大信家居的品牌效力。

六、微信营销，节约营销成本

大信家居早在2014年便开始打造微信营销，并通过微信营销去研究人与网络的关系，以此来传播大信家居的品牌，创造顾客的口碑，最终促进终端产品的销售，即提升产品的销量。大信家居打造微信营销的主要目的就是解决大信家居品牌传播的问题。毕竟当一个品牌传播开，就有了品牌知名度。而品牌知名度的提升对于有品质的品牌而言，有助于品牌形象的提升。构建品牌的核心内涵和文化，使品牌形成良好的个性。那么这样一来传播解决了大信家居的品牌知名度的问题，紧接着大信家居的推广也就解决了。接下来就是通过大信家居自己的终端导购（大信家居称其为信使），通过信使在微信上跟顾客在整个购买、装修和售后过程产生互动，大信家居的口碑也就自然而然地产生了。对于顾客来说，一方面顾客通过微信可以及时了解到整个工作的进度，而且有什么问题可以及时得到解决；另一方面在微信里顾客也可以知晓一些好的装修方法和经验等有意义的内容。对于经销商来说，大信家居打造的这个微信营销不仅能够帮助他们及时了解顾客的需求，更好地处理顾客售后问题，而且也能通过顾客知道自身还存在哪些问题，从而为顾客提供更加优质并超出顾客预期的服务。这样就大大增加了经销商与顾客之间的黏性，让顾客更加依赖大信家居这个品牌。一旦顾客对某一个品牌产生依赖性时，也会促使自己身边的亲人朋友来选择这一品牌，进而扩大了品牌的知名度。这样一来，经销商的这些行为已经不单单是为自己创造价值，提升自己的利润了，同时也是为大信家居这个品牌创造了价值。因为经销商通过优质的产品和贴心的服务，增加了顾客对大信家居这个品牌的喜爱，从而提升了顾客对大信家居这个品牌的忠诚度和产品的销量。

第三节 大信、经销商与顾客，三方互惠共赢

当一个企业在为经销商创造价值时，实际上也是在为自己创造价值。因为当一个企业真心实意地为他的经销商考虑，时时刻刻的向他的经销商创造价值，经销商也能感受到企业对他的这份善意，那么经销商在工作上也会努力，进而提升产品的销量。同时积极地打造这个企业的品牌影响力，让更多的顾客忠诚于这个品牌，提升顾客于该品牌的忠诚度。这其实就是互惠利他行为——指个体通过先利他再利己的行为最终实现与他人互惠共赢的结果，强调人们不仅关注自身利益，也会关注他人的利益，以及因对他人有益的利他行为而产生的利己回报。实践证明，互惠利他的经营思想，既可以为利他的一方创造价值，也可以为自身赢得稳健、可持续的发展，最终达成共赢。同时企业的互惠利他行为还有助于提升其整体供应链的绩效。Laeequddin[1]等从风险衡量的角度研究利他主义在供应链管理中对供应链成员的行为策略以及他们之间信任关系的作用，得出供应链成员的利他偏好越强，成员间的信任程度越高，供应链存在风险越小的结论。张克勇等[2]研究在互惠偏好环境下供应链中成员定价策略与收益问题，通过对比有无互惠偏好情况下供应链定价策略，得出供应链系统的总收益随制造商和零售商的互惠偏好程度而增加，

表明供应链成员的互惠偏好行为可以提升供应链系统的渠道效率；已有研究成果表明互惠利他行为有利于弥合供应链中各成员之间的获益差距，促进供应链环节中各节点之间的成员协作，对供应链整体绩效提升起到积极作用。所以说大信为他的经销商创造价值并不仅仅是单向行为，这是一个双向的，互惠共赢行为。大信通过在不同方面为他的经销商创造价值，反过来经销商也在为大信创造价值，具体表现在大信经常关注分析出自己生产之外的其他事情，比如供应商生产产品需要钢材，大信会关注钢材的市场价格，并分析预判下一年的价格，如果认为价格会有上涨的趋势，大信会告诉供应商多准备一些期货，但大信是不会让供应商白白准备这些钢材的，而是会与供应商签订下一年的合同，打消了供应商害怕期货过多，无法销售出去的顾虑。这样一来，大信的做法降低了产品的成本，进而能够让经销商以更低的成本购入产品，也让消费者以更低的价格购买产品。大信不仅仅分析原材料的价格，还会分析供应商的包装箱、运输成本……其实一般的企业根本不用去操心这些事，但是大信的采购部经理却这样说："因为我觉得作为大信的采购负责人，要有这个职业素养，给公司创造更多的更有利的价值，才是一个合格的采购负责人。"这就像大信董事长庞学元经常说的——格局，你要清楚自己想要哪一块？你心里的空间有多大，你想到的是什么，你是想让自己闲下来舒服一会儿，还是想为大信创造多少利润，还是想到了顾客，为顾客

图4-1　大信家居门店（大信家居供图）

省下来多少，因为从采购部的出发点来说，他的这些行为不单是为了自己，也是为了顾客，采购产品不单单是站在大信的角度，采购部每采购一个产品都是站在顾客的角度，顾客支付能力怎么样，他选大信的产品他支付的起吗？能不能在同样的品质下节省一点，让顾客能去购买他另外想需要的东西。由于大信不断地为经销商创造价值，使得经销商不断地获取越来越的效益，那么经销商也会认真地去经营这个品牌，不断提升服务质量，让顾客感受到这个品牌带来的良好体验感，进而促进了消费者的购买，也增强了消费者对该品牌的忠诚度，提高了品牌的影响力。

第四节　本章后记

　　因为经常走进大信，所以认识了一些在大信工作的员工和部门领导，比如常青部长，她负责销售部和外联部，每年的学生实习经常跟常部长联系，她每次都非常热情，作为一名跟着大信一起成长起来的老员工，每次提到大信时都是满满的归属感和自豪感，尤其当提到庞学元时则是由衷地钦佩和敬仰。还有一次印象很深的事情，是2018年我采访了大信的采购部经理，采购经理对大信企业的认同感责任感都给我留下了深深的印象。因为大信的网状思维模式，大信的部门经理人数很少，多是一个人担任几个部门的负责人，比如采购部的经理就管着购、销、调、存。作为一名大信创业时就加入的老员工，对大信有着极强的认同和归属感，因为对大信薪酬的满意，更因为对大信价值观的认同，在工作中总是主动给大信节约每一分钱。

　　在庞学元的演讲过程中，关于大信的基本信念和行为准则大致分为五部分：创新、做好人、做对的事、正确的金钱观和传承。其中令我感触最多的就是"做好人"，大信能够把古代道家、儒家等优秀传统哲学思想融入企业文化之中并加以创新来适应时代的需求，"合天道，合人道，天道酬勤，厚德载物"在做好自身修为的同时，更想着他人，正所谓有"修身，齐家，治国，平天下"的情怀。一个企业的真正价值不是看这个企业能挣多少钱，而是看这个企业为这个社会，这个国家做了多少。"努力做中华文化的好子孙"这不仅仅是大信的口号,更是大信的追求和不断前进的脚步。基于此,大信不断创新,让家居企业不再是中国制造而是中国设计,大信以"鸿逸智能设计"科技为主,将产品出错率控制在0.3%以内,真正实现了家居定制的高质量低成本,实现了家居设计的工业化和现代化,向世界阐述了什么是中国质量。云设计平台更是满足了客户的个性化需求,用户根据平台模板进行DIY设计,通过生产指令直达生产系统,最多4天出货,这就是中国速度。而在艺术追求上,工业旅游景区更是值得一提。大信的东方色彩博物馆,现代艺术博物馆,厨房文化博物馆,家居生活博物馆以及非洲艺术博物馆更是耀眼的一笔。

创新离不开传承,我们传承的是文化和技艺。大信设计师每一抹设计灵感都来源于这千姿百态的老祖宗留下的智慧结晶,同时,兼有创新,与外国优秀传统文化的灵感撞击,才成就了大信家居独特的艺术品味。在厨房博物馆中的《灶王经》中得到启发实现了大信的"模板化",中国汉字无论怎么拆解都离不开最基本的8个笔画,也就是汉字的标准模板,而模板化定制就是在基本层面找到构成最大公约数的家居要素模板,进行无限组合,这就是中国智慧。庞学元和庞理用他们的行动影响着员工,并告知他们:无论我们是做人还是做事,都要有正确的价值观,对自己、对他人、对社会怀有感恩之心,努力"做好人"做中华民族的好子孙。

| 第五章 |

大信家居的家国情怀：大信博物馆聚落

"工业设计是传统的再造，艺术是生活的高级表现。我们从历史大数据中提取最适合中国人的生活方式，提供更懂中国人的产品。"

——庞学元（大信家居董事长）

  大信博物馆聚落，地处华夏文明腹地郑州，由大信家居投资兴建，占地56亩，毗邻大信家居总部。聚落包括郑州大信厨房博物馆、郑州大信明月家居博物馆、大信启源非洲木雕艺术博物馆、大信当代艺术博物馆、大信华彩博物馆、国家工业设计中心美好生活体验场等设施，共35000平方米，自2010年起陆续建成，并免费对公众开放，年接待能力达240万人次。大信博物馆聚落是郑州市优秀博物馆，国家级服务型制造示范企业，国家AAA级旅游景区。

  大信博物馆聚落藏品的主要来源是大信家居作为国家级工业设计中心，在从事创新和生活方式的科学研究过程中积累下来的大量珍贵文物。

  地理决定文化，文化决定生活。文物是文化的物证，大信博物馆聚落是家居的科学实验室，融合现代生活方式的研究，依托大信家居国家级工业设计中心强大的"智造"实力。大信打造的超级文创产品，大规模个性化定制家具，其囊括了德国红星奖、中国红星奖等世界级大奖，形成了超强的博物馆产品文创能力，从而构成了完美闭合链条。博物馆成为旅游景区的核心吸引力，景区免费为"文创产品"提供顾客流量，文创产品为博物馆免费开放提供全额财务支持，实现游客与文创产品6:1的实际收益双赢，社会效益明显。

第一节 中国厨房博物馆及其承担的社会责任

大信真正做到了以中华文化为骄傲，并花费十多年的功夫用心收集厨房文化的相关文物五千多件，建立了厨房文化博物馆供人们免费参观，值得一提的是，这是中国第一家专业的厨房文化博物馆。博物馆是大信工业设计的灵感来源，工业设计是对传统文化的再造，大信将中国传统文化融入现代工业设计，从中国传统文化中获得启迪，设计出各种匠心独具的产品及其相关系列。中国厨房文化博物馆馆藏丰富，其中历代古本《灶王经》、汉代古陶灶、灶君像数量之庞大，藏品之精美都使得来访的参观者为之赞叹不已。其藏品规模、品种类别、文物级别及博物馆的展出面积在同类专业博物馆均为世界之最，其中国家一、二级文物超过200件，三级文物超过600件。

中国厨房文化博物馆位于河南省郑州郑东新区大信工业园内，总占地面积2200平方米，是中国第一家厨房文化博物馆。作为中国厨房文化的一个传播中心，中国厨房博物馆免费对外开放，积极迎接四面八方的游客前来参观，据统计，自2011年开馆至今，已接待超过30个国家，50多万人次游客到访。

一、建造背景与初衷

民以食为天，中国人敬神是从吃开始的。中国厨房文化博物馆从历史和人文的角度，以人与神之间的关系作为主线，研究中国人的个性化需求以及饮食方式和思维方式，以青铜使用器、现代雕塑、七星灶、满汉全席、五谷的由来，特别是已知世界上最大的灶王神像（在中央美院经过一年多的筹集和雕塑，堪称中国一绝）为表现形式，来弘扬悠久的优秀传统中国厨房文化。

1999年大信对于"易简"系统有了"十方兼容"的想法，但由于不清楚方向，他们从整体厨房入手，搜集了十万套整体厨房的解决方案，在初期，做出一套解决方案就收集一套，将设计的整体厨房图纸都保留了下来。大信认为定制是解决的方案，解决定制的方法就是效率，如果效率解决了问题也就解决了。然后对比分析数据上升到企业"情报系统"，总结出来了4635个方案，大数据就像水一样，不用它还在流淌。大信当时不只有数据统计，还在研究人类生活方式的过程当中保护了五千件文物，建立了两家公益性博物馆，家居博物馆和厨房博物馆。作为模块研究的历史设计图在此基础上又进一步进行了全面的整理，创立大信"十方兼容"的系统。

还是1999年，大信开始步入整体厨房行业。实际上在这一行业走了几年之后，大信深刻感觉到，整体厨房必须以设计为驱动才有希望。在这一节点上，大信接触到国内工业设计的著名学者、中国工业设计之父柳冠中先生，柳先生提出"工业设计是传统再造"的观点。柳冠中老师所说的"传统的再造"，就是用统计学收集数据，然后知道人的生活方式变成模块化的过程中出现了什么问题，未来有哪些可能，要从历史中找，往后看多远，往前就看多远。对于真正做产品的企业来讲，是否可以从历史层面出发，借鉴先辈的经验和精华，再对现代工业进行创新？实际上今天的创新，正是一个"试错"的过程，而研究历史，则是"纠错"的过程。基于产品设计的考虑，大信试图从古人和历史中找到灵感，寻找原创基因。

二、筹建过程

中国厨房文化博物馆由大信橱柜独资捐建，由原清华大学教授、中国香港与澳门特别行政区区旗设计者肖红先生担任文化顾问，并由清华美院、中央美院毕业的青年才俊精心设计建造完成，整个博物馆从最初的文化探索、考证、设计到施工建造完毕，历时7年时间。

从设计驱动开始，博物馆开始筹建，并且围绕整体厨房展开展品的搜集。首先，从汉代入手。汉代是我国文学、艺术、生活等创作积累的顶峰之一，其文化影响一直延续至今。其次，无论生活方式还是文化，

第五章 大信家居的家国情怀：大信博物馆聚落

我国民众是以一种不同于其他国度的方式进行延续的，这是值得研究的。

在确定建立厨房博物馆的文化主线以后，接下来就是施工的问题。而如何设计施工，又是一件令人头疼的事情，但是在庞学元身上，却变得简单容易。去参观过博物馆的游客们都知道，在博物馆的一面白墙上，挂着一副人数比较多的照片，这幅照片是庞学元和博物馆馆长李电萍女士与几个年轻人的合影，这些年轻人就是博物馆建设的主创人员，包括博物馆的两个秘书长和其他设计者。而这些青年才俊们，各个出身不凡，都是清华美院、央美的毕业的高材生。正是这些人，和庞学元有着不一般的感情，正是这些人，创造了一个美轮美奂的厨房文化博物馆。2020年采访李电萍馆长时，她说道："我们大信这个品牌已有21年，我们做到第二年就觉得不对，我们就开始研究文化。当时我不是2003年正式从学校离开，我原来在开封大学嘛，我离开学校都17年了，我在开大也算是创业院长。后来就专职研究这个博物馆的事，因为这个东西你没有办法去请第三方对吧？第一呢，他不一定懂。第二，你这个财务没法管。全靠自己挣的钱这样去做。有的是以物换物，有的可能需要现金，人家不可能给你发票。"

在博物馆的藏品收集上，庞学元夫妇付出了不少的时间和心血，走访了很多的古代王府，名人故居、文化风俗景区，志在收集到最原始最完整的展品，以更直观更清楚的向世人展示和表达中国传统的厨房文化。七星灶是古时集成节能环保厨房的典范，为了能完整地把这个具有历史意义的七星灶展示在博物馆内，庞学元和夫人几乎走遍了国内所有的古代王府，最后在浙江杭州红顶商人胡雪岩故居中找到了目前相对比较完整的七星灶原型，其后千方百计地游走打听，终于在杭州的一个小山村找到了目前唯一的一个垒七星灶的传人，一名年近花甲的老者，庞学元很是恭敬的把老者邀请到博物馆内，一块砖一块砖的开始对七星灶进行复原，基于对历史的保护，整个过程庞学元安排专人进行录像和拍照。当完工的那一天，复原出来的七星灶，其美观度，功能性均可以和胡雪岩故居的七星灶相媲美，有些地方甚至垒得比胡雪岩故居的七星灶还精致，看着博物馆内的这个七星灶，庞学元不禁潸然泪下，紧握着建灶师傅的双手，感激之情溢于言表。博物馆内的所有青铜器，也都是庞学元夫妇亲自到全国各地收集样本的，每到一处，发现一个好的青铜器，便拍照，然后做模做范，运用古法，按照1∶1的比例，根据青铜器的制作方法，进行仿制。此外，为了能够直观的反映古时人们的生活场景和富足状态，庞学元夫妻俩不辞辛苦驱车前往关中民俗村，拍照做旧，装裱成画；当得知陕西关中民俗文化博物馆有一处汉像化石，是反映古时人们厨房的生活场景的时候，连夜驱车前往，并真诚的和博物馆工作人员进行沟通，最后，博物馆工作人员被夫妻俩的诚意所打动，把汉像化石拿出来，拓出一幅汉像化石的"照片"……如此点滴，俯拾即是，而每一个点滴，都是那么的令人感动。

三、馆藏品介绍

（一）复原古代厨房七星灶

大信厨房博物馆体验馆内复原的七星灶是以中国近代徽商代表人物、红顶商人胡雪岩故居厨房为原型。整个七星灶不用封箱，采用负压的原理，通过烟道直接将烟排到室外，方便环保。七星灶分为两个工作区：前面为烹调区，后面为烧柴区，中间以一墙相隔，墙上留有小窗口，供厨师与烧柴伙计沟通交流，便于掌握火候，它的功能就像现代的可视电话。

"七星"之名源于烹调区的七个灶头，三个大的灶头可同时进行蒸、炖、炒，四个小灶头作温水之用，下面没有火源，靠带有余热的烟将凉水加热，体现了中华民族集成和节约的美德，我们称为绿色传统，是可以持续发展和应用的。

七星灶的烧柴区也有三个主烧柴口、一个温酒口和一个炭瓮。炭瓮的主要功能是将烧过的木柴密闭后变为木炭。木柴用来烧火做饭，变为木炭可在冬天用来取暖、温酒、烤肉、煮火锅等，木炭烧尽变为草木灰，更是农田的上好肥料。中国传统厨房中，处处体现着人性化设计和节能环保的智慧。

由古代厨房看"三角及定点工作区"：农耕文明时代，家庭结构大多

图 5-1　七星灶复原模型（大信家居供图）

以大家族为主，便于农耕，但是现在大多是三口之家、五口之家，大信研究中国古代厨房有何现实意义？根据人体运动工程学原理，人在站立不动时，左手可以运动的舒适高度是 80cm，右手可以运动的舒适高度是 100cm，我们在中间灶头前烹饪，无论炒菜、蒸馒头，这时只需要原地不动操作或左右移动操作，更加节约做饭的时间和行动路径，也更加适合中国人的烹调方式和饮食习惯，这种烹饪方式，我们称为"圆点工作区"和"摇摆工作区"。而现在家庭厨房则讲究"三角工作区"，烹调区、洗涤区、储存区，科学合理的厨房布局是三边之和，等于 360cm 至 660cm 时，一日三餐可以节约 27% 的时间和 60% 的行动路径。

大信运用"圆点工作区"和"摇摆工作区"设计了秀纳整体厨房，这款荣获国际红点大奖的秀纳整体厨房充分利用人体工程学设计，洗涤

图 5-2　大信家居厨房样板间（大信家居供图）

区、烹饪区、储存区区域分明完美搭配,更有十全十美转角柜100%利用转角空间,抽拉水柜让台面更整洁,三角工作区让厨房使用更顺手,定点操作让做饭更省心。

(二)烟囱

汉代时期,灶的形制和排烟系统逐渐发展成熟并趋于完善。烟囱是灶在烧火时拔火排烟的设施,既可以保持厨房内空气的新鲜,又在炊器、饮食器具以及食物的干净和卫生等方面起到重要的作用。灶台和炊具的结合规定了炊具的受热范围,灶墙在保温保证炉膛温度的同时,也保证了火焰持久和稳定。烟囱效应促使进氧量增加,薪柴燃烧充分,热能提高;对灶门的遮挡又使进氧量得到控制,炊具受热温度变得自主可控。从此古代中国人不仅可以蒸、煮,还实现了爆炒;另外,也为烧制陶瓷创造了条件。

汉代陶灶的烟囱有些具有多个集烟腔,每一层都有出烟孔,阴雨天气时,室外气压低,通过底层集烟腔的出烟孔也能有效排烟。东汉时期,出现了与灶周围的矮墙融为一体,隐藏于墙壁内部的烟囱。为了利于排烟,墙体也从实心变为空心,如汉代彩绘环形灶,利用烟的热量实现了室内取暖的功能。

现代大信则有AL701抽烟机,人性化一分钟一键爆炒,秒吸油烟,有效引导油渍冷凝不外溢精准吸烟不繁琐;三分钟延时关机,彻底吸净厨房油烟,扫荡残余油烟;拥有延时节能灯,光亮柔和不刺眼,延时关灯更随意;可拆卸设计,清洁更方便。

(三)《二十四孝》

孝道,自古以来就是贯穿于国人伦理和美德的精髓。《二十四孝》是古代二十四名孝子在生活中行孝的故事集,有孝感动天、戏彩娱亲、鹿乳奉亲、百里负米、啮指痛心、芦衣顺母、亲尝汤药、拾葚异器、埋儿奉母、卖身葬父、刻木事亲、涌泉跃鲤、怀橘遗亲、扇枕温衾、行佣供母、闻雷泣墓、哭竹生笋、卧冰求鲤、扼虎救父、恣蚊饱血、尝粪忧心、乳姑不怠、涤亲溺器、弃官寻母等共24个人物至孝的故事。

古人将他们的孝顺故事编写成《二十四孝》一书，成为中国古代宣扬儒家思想及孝道的通俗读物。宋代二十四孝砖雕现收藏于大信厨房博物馆三楼专业馆汉墓展区中。二十四孝故事内容讲述的是孝爱文化在中国源远流长，它是一种理念与精神，是为人的立身之本，是社会责任意识的源头，是中华传统文化的重要组成部分。

大信适老厨房，融入"孝"的设计理念，专为老人制作，是一款让子女放心，让老人使用安心的厨房。让爱不再延迟，在繁忙中为父母守护爱的一片天。

橱柜设计为坐姿高度，适宜不宜久站的老人或使用轮椅者。不用走动，不必起身，坐下即可完成全部做饭及吃饭流程。拥有许多安全贴心设计：侧拉式抽屉，无须起身即可轻松拿取稍远处物品；滑动台面，台面下隐藏水槽及电磁炉，拉开做饭洗碗，台上切菜吃饭；升降吊柜，触摸下降，再次触摸停止下降，也可用遥控操作；做饭提示系统，烟机中置入电话卡片，烟机开启时自动发送短信至指定号码。

除了适老厨房，还有大信防干烧灶具 AC511，从餐前到餐后守护家人的爱，轻松享有每日好时光。父母把对子女深深地爱，都埋藏在给子女的爱心烹饪里，埋藏在子女大口大口吃饭的微笑里。父母在家帮忙带娃、出去买菜忘记关火，存在安全隐患。大信专门设计了防干烧灶具，拥有感温探头实时监测，发现干烧时蜂鸣提醒，突遇干烧时快速自动熄火，守护从不间断，让子女不再担心父母。

（四）《灶王经》

大信厨房博物馆内有古本《灶王经》和印刷版《灶王经》。目前国内已知存世《灶王经》有 176 本，其中大信厨房博物馆收藏 173 本。由于《灶王经》体现居家、为人处事的行为准则，其内容多劝人行善而非封建迷信，故被称为"善书""宝卷"。印刷版展品以清光绪版《灶王经》为蓝本，共 1026 个字，在表现形式方面采用了中国古代四大发明中的活字印刷术的形式，但是改变了两点：一是将古宋体改成了黑体，二是将繁体改成了简体，在具有时代感的同时让大家清晰地感受《灶王经》的内容，是很好的文创产品。

中国自古"重教化，足人伦"，这一特点在《灶王经》"四十二愿"这一部分内容中有深刻体现，如"一愿皇图巩固，二愿天子万年，三愿河清海晏，四愿后圣接先……十五愿长幼有序，十六愿坤道承乾，十七愿弟兄和睦，十八愿朋友信联……四十一愿愿天常生好人，四十二愿愿人常行好事"，富有美好寓意。

民间传说中，灶王爷主要有三种职能：一是掌管饮食，二是司掌命运，三是监察善恶。《灶王经》所记载的正是灶王爷对百姓的行为要求和规范，它是由古代官方主导编写、印刷并传播的，成为当时社会的共识。由此可以看到古代规范人心，治理社会的一个侧面。《灶王经》是中国古代普及世俗教育的课本，《灶王经》里的内容经过千年流传，似乎已成为中国人的某种生活习惯。我们一起感受《灶王经》的部分内容："只要你，孝父母，恭敬兄长。只要你，亲宗族，和睦乡邻"，这就类似现在的村规民约："一不许，到灶前，刮锅响碗。敲锅铲，刀板响，家破人穷"，仿佛又听到了儿时坐在餐桌前慈祥亲切的奶奶、姥姥温情的唠叨。"八不许，轻五谷，抛米撒面。有剩茶，和剩饭，施与饥人"，老人常说要节约要节省，还有近年来的光盘行动，这实际上已成为我们民族的生活习惯和生活方式的一部分。

四千多年的敬灶、祭灶习俗生生不息，我们在不断地与灶王文化和祖先的对话中，形成了真正的文化气场，让我们通透灵魂，让我们心生敬意。大信厨房博物馆传承的是一种伟大的坚持，文物是先人们留下的

图 5-3　大信厨房博物馆实景（大信家居供图）

最珍贵的家书，用心去读，需放下自己，无私地投入宽广的时空需正视先人，让流传至今的文明继续鲜活，用爱与智慧去理解我们的先辈，用爱与智慧去滋养我们的后人，这是我们的责任和荣幸，愿用心品味，愿品有所得。

四、大信厨房博物馆及其企业社会责任

作为我国厨房文化的博物"第一馆"，也是国家民营公益性专业厨房博物馆，大信中国厨房文化博物馆自2011年开馆至今，秉承着努力让世界看见我们的文化，用心传承，滋养后人的理念，积累并保护了大量的珍贵文物和文献资料，累计接待超过30个国家、近50万人次游客到访。

在经济迅速发展的今天，中国人对于食物的追求与珍惜从未被时间与经济的发展冲刷淡化，自古以来，中国人就有一个共识：民以食为天，它让中国人哪怕在工业化发展的过程中也不曾忘却食物给予我们的恩赐。从中国民间传统供奉的灶王爷，到大信中国厨房博物馆的建成，无一不是保持着对文化、对传统的敬畏之心，也正因为保持着这种敬畏之心，大信家居董事长庞学元与其夫人个人出资收藏整理了大量珍贵文物与文献资料，建成了大信厨房博物馆。厨房博物馆的建成无疑使得大信家居肩负起了一定的社会责任，实现了部分企业价值。

其中值得一提的是，在厨房博物馆中也同样设立了大信厨房博物馆体验馆：主要以复原文物及场景为主，包含复式古代厨房、印刷版《灶王经》、古代青铜器复制品、民俗文化长廊等，重在打破观众与展品之间的时间和空间距离，以实景还原、触摸体验和艺术创作等展示方式，让观众进一步感受历史文物和传统文化。

（一）工业旅游

了解大信的人都听说过，大信家居有一种特殊的、有别于其他家居企业的玩儿法——工业旅游。总的来说，工业旅游是一种旅游新概念和产品新形式，是伴随着人们对旅游资源理解的拓展而产生的。

工业旅游在发达国家发展已久，近年来我国著名企业如青岛海尔、

上海宝钢、广州美的等也相继开放工业游。而位于中原腹地河南省郑州市的中国厨房文化博物馆馆藏丰富，其中历代古本《灶王经》、汉代古陶灶、灶君像数量之庞大，藏品之精美，堪称世界之最，包含国家一、二级文物超过200件，三级文物超过600件。

中国厨房文化博物馆作为中国厨房文化的一个传播中心，大信努力让世界看见中国历久弥新的厨房文化，用心传承，滋养后人。让更多的人了解中国的厨房文化是大信不懈的追求，让更多的人享受更好的家居产品是大信永恒的动力，让古老的智慧在当代生活中随处可见，让家家户户的橱柜中、餐桌上，甚至案板上，都能是大信与传统文化碰撞出的灵感与火花是大信努力的方向。

在我国定制家居企业中，大信全屋定制完全可以称得上是最早一批开展工业旅游，同时又做的最完善的企业。这得益于大信对自己产品和工厂的自信，以及开展工业旅游得天独厚的优势。工业旅游的目的第一是要增加体验，然后了解企业，之后出现购买，不论是出于提高企业产品销量的目的还是由于大信家居董事长庞学元自身家国情怀的影响，厨房文化博物馆作为中国厨房文化的一个传播中心，免费对外开放，迎接国内外四面八方的游客前来参观，必将提高企业的知名度宣传企业文化。

2015年，博物馆所有文物正式登记进入国家文物库，2017年上半年成为国家级公益性专业厨房博物馆。在大信工业旅游线中，厨房博物馆与其他博物馆的不同之处就在于其展现的是更为本源的工业灵感，例如，从汉代的L型厨房延伸到如今大信正在做的整体厨房，许多现代的工艺灵感都是来源于古代文明，在这样的工业旅游线下，游客不仅能感受到大信产品中蕴含的文化底蕴，更可以帮助前来参观的工业文化工作者寻找灵感。

（二）文化教育

厨房文化是饮食文化的重要组成部分，彰显了中华民族特有的文化自信。大信厨房文化博物馆是科研基地，破解了中华民族特有的饮食文化以及蕴藏千年的厨房文化密码；是教学基地，物证了2000年前中华民族灿烂的饮食文化，理解了5000年中华民族成为世界唯一连续不断文明古国的必然。

每年大信厨房博物馆都会迎接大量河南省内外的中小学生前来参观,作为许多中小学的学习基地,大信厨房博物馆在社会中也扮演了文化教育的角色,帮助中小学生从小学习中国古代厨房文化,了解中国悠久的厨房历史文化,增强民族文化自信心自豪感;大信建造体验馆的主要目的是因为文物都是被保护起来的,参访者很难触摸得到,这样就降低或减少了参访者对古代厨房文化的更深层次的了解。所以为了能让参访者触摸到这些古代智慧,尤其是作为中小学生的教育基地,应进一步讲好中国的文化和故事,大信又花费巨资打造了体验馆,这些仿制品可以让消费者和学生亲自体验,了解古人的智慧,比如镇酒的"铜冰鉴"系战国时期青铜酒器,1977年出土于湖北省随州市擂鼓墩曾侯乙墓,被称为"世界上最早的冰箱",现收藏于中国国家博物馆,由一个方鉴和一件方尊缶组成,方尊缶置于方鉴内,缶的外壁和鉴的内壁之间有很大的空间,具有冰酒、加温酒浆的双重功能,该鉴出土时带有长柄的铜勺,是舀酒的工具,多数游客在打开铜冰鉴后,都能感受到古人生活中的巧思,无形中加深了对厨房文物的理解。

大信厨房博物馆注重参观过程中的教育,如通过演讲、讲解等方式加强前来参观的中小学生对于馆藏文物的认识。另外在展示的时候,也会将某些企业产品与馆藏展品等进行互动。

文化教育的落脚点不仅仅是学习古代厨房知识文化,中华民族的文化教育从不仅仅只是教授知识,更重要的是从根源上培养青少年为国争光,为民族自豪的爱国情怀。以大信博物馆塔楼来说,在200年前,我们中华民族没有赶上工业革命,我们在那个进步的始点上落后了,我们遭受屈辱200年,同时东方人的智慧也为人类少贡献了200年的发展和文明的现代化,所以说不管任何的参观者来到这里,大信都要把这种寓意告诉他们:你看,整个馆的必经之地一定是这个塔楼,任何人都不要忘记有一个悠久的民族,当一次革命和创新没有赶上,他对于别人的贡献和对自己发展的损失将有多大,所以中国人一直要有创新的精神,要有向上的精神去向上走、向前走。将这样的精神文化传递给我们的下一代,我们的中华民族伟大复兴之梦才能够更早更顺利地实现。

（三）追溯家国情怀

孝道自古以来就是贯穿于中国伦理和美德中的精髓，古人将一些孝子在生活中行孝的故事汇编成为《二十四孝》，如今宋代二十四孝砖正收藏于大信厨房博物馆三楼专业馆汉墓展区中，这其实与古代厨房文物并没有什么关系，但它还是陈列于大信厨房博物馆中，不难理解，大信工业旅游线中的厨房博物馆直接接触中国古代文化、古代典藏，其肩负的并不仅仅是像非洲博物馆一样收藏人类文明历史的责任，作为关于中国历史文化的厨房博物馆在容纳中国厨房文化的基础上也传递出了中国传统优秀民族精神，孝爱文化在中国源远流长，它是一种理念与精神，是为人的立身之本，是社会责任意识的源头，也是中华传统文化的重要组成部分。

厨房文化是家文化的核心，是联结家庭成员爱的纽带。中国民主革命的伟大先驱孙中山先生在《建国方略》中指出："我中国近代文明进化，事事皆落人之后，惟饮食一道之进步，至今尚为各国所不及。"可以告慰以孙中山先生为代表的革命先辈的是，当下我们的祖国已全面实现了工业化，中华民族傲然屹立于世界民族之林。大信家居作为中国企业界的一分子，立足行业，从中国厨房优秀传统文化中汲取营养，创造了"易简"家居大规模个性化定制系统，为全球提供了领先世界的中国方案，成为中国清华大学和美国哈佛大学的教学案例，并光荣入选"伟大的变革——庆祝改革开放40周年大型展览"，获得至高荣誉。

为了设计出更好的产品，不仅仅为现代设计启迪灵感，也是为传播中华优秀文化提供舞台，大信厨房博物馆从历史和人文的角度，研究中国人的个性化需求以及饮食方式和思维方式。民以食为天，这是中国人千年不变的民族共识，当这种精神落实在亿万中国人平凡的厨房中时，吃，早已不是让一个种群生存下去的自然法则，而升华为中华民族对生命珍惜而不失洒脱的尊重，对生活艺术而不失严谨的经营。

工业是强国之本，文化是民族之魂。众所周知，所有流传至今的伟大，一定在它所诞生的年代里为大众提供过不可替代的现实意义，不然它早就被历史忘记了。听《灶王经》那朴实的教化，看青铜器那奢华的威严,拜灶王爷那亲切的神圣,品满汉全席那富贵的滋味,这一切都曾支撑过中国人幸福多彩的生生不息,怀古不是为了伤今,请走出历史回到现在,让沐浴过先人伟大的我们再看中国智慧如何让工业化、标准化的时代力量,在现代国人的厨房中继续着我们的民族精神:人民为本,以食为天。

第二节 中国家居博物馆及其社会责任

一、家居博物馆建造背景

大信家居博物馆位于河南省新乡市原阳金祥家居产业园大信智能制造家居产业文化园内,由河南省大信整体厨房科贸有限公司投资建设,博物馆馆藏以汉、明代家居明器为主,其中国家级以上文物超过1000件,整个博物馆展示总面积4350平方米,是目前已知的中国第一家家居博物馆。该馆由原清华大学教授、中国香港与澳门特别行政区区徽设计者肖红先生、国学大师兼2008年奥运会会徽CI设计者张武先生联合进行中华传统家居文化的深度挖掘和提炼,并由清华大学美术学院青年才俊进行精心设计。

大信家居博物馆由两个展馆组成,分为专业馆、现代馆。大信家居博物馆所藏桌椅、床榻、院落等明器种类繁多、制作精巧、纹饰优美,反映了我国古代社会生产生活方式、历史文化特征,凝聚了丰富而深刻的社会历史性。每个馆展示内容、展示方式与展品虽有所差异,但均是表达建立民族文化自信、传播中华优秀传统文化的核心与理念。以家居文化为展示主线,以馆藏古代2000多件家居文物为载体,向大众传播历史悠久的中华传统家居文化。大信家居博物馆作为中国悠久家居文化精华的浓缩和国际家居文化交流的窗口,采用符合现代人审美的方式和国际化的视野对中国古代家居文化进行诠释和表现,将古代的家居文化气韵与现代家居文化气息相互交融,并通过对博物馆空间的合理分割和组合,使得现代艺术和古代文化得到完美结合,是一个具有现代感、艺术感、文化气氛浓厚的家居博物馆。锅灶、器皿、酒器、建筑陶器等展品，是中华文明烹饪史、建筑史以及餐饮文化、崇拜信仰源远流长的有力佐证。

同时，大信家居博物馆作为一个大信公司开展的工业旅游项目，不仅可以让人们了解家居家具的历史发展过程，也能使人们认识到当代工业生产从原材料加工到成品出厂整个过程，极大地丰富人们的生活认知和学习历程，特别是以大学生为主的青少年群体在旅游观光过程中通过观察体验，提升对历史的了解程度、对企业的认知水平、帮助其拓宽视野，增加学习经验。

图 5-4 大信家居博物馆实景（大信家居供图）

二、家居博物馆的文化传播

内容营销指的是以图片、文字、动画等介质传达有关企业的相关内容来给客户提供信息，促进销售，是通过合理的内容创建、发布及传播，向用户传递有价值的信息，从而实现企业建立品牌，实现销售的目的。大信家居文化传播的途径主要有：

（一）微博

在微博中，大信创建了以家居博物馆、厨房博物馆、非洲艺术博物馆为主的大信博物馆群的官方微博。例如，大信家居博物馆主要介绍床、衣架、椅子、食盒、榻等常用家具的内容：

- 类别：如椅子有五代灯挂椅、南宋圆后背交椅、元圈椅、清南官帽椅等。
- 名称来源：清代陈枚《月曼清游图》中的南官帽椅：官帽椅因形似古代的官帽而得名，有南官帽椅和北官帽椅之分。北官帽椅搭脑、扶手皆出头，故又称"四出头官帽椅"，简称"四出头"。南官帽椅搭脑、扶手都不出头，而做成软圆角，故又称"四不出头官帽椅"。
- 形状装饰：比如在介绍五代时期所使用的衣架时，大信经过研究对其形状装饰描述为："五代顾闳中《韩熙载夜宴图》中的衣架，衣架形制一般是在两个木座上各装配一个立柱，立柱下部用站牙支撑，柱间用连杆连接；最上端的横梁两头出挑，圆雕如意云头、龙首凤头等纹饰；讲究的衣架还在立柱中部镶嵌雕刻精美的中牌子。"
- 尺寸比例：明戴进《清平乐事图册》中的长桌：长桌又称"条桌"，是桌面为长方形的桌子，长桌桌面的长宽比超过3∶1，桌式与方桌相同，桌腿与桌面垂直……北宋赵佶《唐人文会图》中的方桌：方桌是桌面为正方形的桌子，规格有大小之分，尺寸大者叫"八仙桌"，中等者叫"六仙桌"，尺寸小者叫"四仙桌"……
- 构造亮点：南宋《蚕织图》中的立柜：柜是用来存放物品的大型家具，也是居室中必备的家具。一般认为，柜的高度大于宽度，对开两扇门，柜内装隔板隔层。两扇柜门中间多设门竿，柜门和门竿上安装面条、吊牌等铜饰件，方便开合及上锁。
- 使用场景：官皮箱是一种在旅行中用来储物的小木箱子，多为官员巡视出游时使用，也可用于盛装梳妆用具和文具。
- 负载的丰富内涵：明器陪葬家具模型是按照实用家具进行仿制的，注重家居的种类和配套，以供墓主人在死后继续使用，陪葬家具明器反映了古人"事死如事生"的丧葬观念，希望逝者继续享受生前的荣华富贵。
- 历史演进过程：古籍记载："临浅濑，荫长松，闲据胡床坐"。"胡床"亦称"交床""交椅""绳床"，是古时一种可以折叠的轻便坐具，东汉后期由西域传入中原地区，一改当时人们"席地而坐"的习惯。

大信家居博物馆在介绍时附以字画、文学记载等实事记录来丰富其内容以及借助影视剧中常出现的情节来引人入胜，帮助浏览者理解描述的内容，加深宣传印象，发挥了一种很好的文化传播作用。另外，也有一些著名的微博达人前来参观，并在微博中发文表述自己的亲身经历，增加了大信家居博物馆的公信度，也起到了一定的宣传作用。

（二）微信公众号

大信家居利用微信公众号，结合微博官方号，从不同方面、不同角度宣传古代家居文化。在微信公众号——大信家居博物馆中，现分为密探博物馆、家居小史、家具明器、长物志·室庐篇以及充斥其中的中国家居文化介绍五个板块。与微博官方号所提供的信息内容不同，微信公众号是以总结性文字，将具有相同属性或者特点的家具进行系统介绍，内容注重家具所属种类，使用场景，以及它们之间的区别，家具的陈列摆设，以及所能体现的各个朝代的思想潮流和中国传统文化的介绍和延伸，内容丰富详实，可见大信在家居文化探索方面的深度与广度是无法估量的，亦可见大信在家具产品制作方面的专业度也非同一般。另外，微信众公号以可移动性强，操作上更占优势；用户群体不限，关注率高；即发即到、覆盖面广、传播速度快、可积累口碑、营销方式灵活；过程多元化、线上服务方便；广告成本低、效果持续时间长，人力成本低、互动性更强等特点成为大信家居博物馆主要宣传渠道之一。微信公众号编辑的内容主要是将家居进行分门别类，然后结合时代热点以及网络热词来吸引关注者进行阅读，其内容不再局限于传统的家具物什的介绍，而是更进一步地详细描述某个朝代的人文情境，风土人情甚至是人生态度，这在传统文化宣传方面是一个很好的创新，将内容逐渐升华到精神这一层次上，用词凝练，通俗易懂，内容排列更加清晰，帮助阅读者更好地了解家居文化，不仅使得宣传内容不再枯燥乏味，而且更易使阅读者产生精神共鸣和进行思考，将情感寄托于家具之上，比如通过大信家居博物馆公众号的宣传介绍，学习古人智慧，通过家具排列即可形成独具一格的风格，表达自己的价值观、人生观和世界观或者对待生活的态度等。

（三）工业旅游

微博、微信虽然能够为人们提供一定的资料，但是百闻不如一见，工业旅游就是一个值得考虑的了解途径。所谓工业旅游就是把工业的方方面面通过博物馆、公园、改造创意、开放参观等形式，供游客参观游憩，最终实现经济、社会、环境以及广告宣传等效益的一种经济社会活动。大信向国内外免费开放家居博物馆，接待人数达上万人次，并开设餐厅、儿童乐园等周边服务来为参观者免除因工业旅游准备不足而产生的就餐和休憩等问题，让工业旅游更加一体化、成熟化和令人感受深刻，成为家居行业一个很好的标杆。大信家居博物馆藏品丰富，类型多样，涉猎广泛，内显文化精髓，外漏工匠技艺。在这里，参观者可以观赏古代家具藏品或模型；在这里，参观者可以看到自己日常生活中使用家具的古代模样，仿佛它们跨越历史长河，历经岁月洗礼来到他们身边，通过观察和浏览即能够轻而易举地了解家具的历史演进，感受古今文化的传承绵延之意；在这里，不乏造型独特、别具一格的家具藏品或模型，让人脑洞大开，启人深思，浮想联翩；在这里，参观者可以感受到古代工匠精神与处处显露的先人智慧，青铜子母勺（唐）、陶彩绘食案（汉）、骨制牙刷（宋）、烤炉（汉）及蒸笼（汉）等这些家具都是其中的典型代表，它们诞于先人时期，是现代家具的初始模型，让人不禁感叹这些解决生活问题，抑或工匠的无意创新之举而被设计创造出来的家具真是妙极了，也使中国传统文化在参观者心中的分量又重了许多。

（四）公共关系宣传

公共关系宣传是公司或企业通过报纸、广播、电视等大众传播媒介，辅之以人际传播的手段，向其内部及外部公众传递有关自身各方面信息的过程。

官方网站虽对大信家居博物馆的介绍只有寥寥数言，但是所展露的信息足以让前往查询的人们产生足够的好奇心和信任感。大信通过官方网站对其公司的主要思想、公司目标、产品结构、宣传方式等重要内容进行阐述，既达到了将主要信息传递给顾客的目的，又符合其产品宣传的理念——从不在各大媒体上做产品广告。大信家居博物馆的介绍即是其工业旅游项目中重要的一环,与其他博物馆和基础设施共同构成该工业旅游产业链。在官方网站中大信家居博物馆有其简要信息介绍,包括该博物馆的位置,设计者年龄以及相关图片和视频、大信对古代家居文化的研究等,内容设计精巧显得既简繁得当又不失偏重。

大信家居博物馆因建造时间较长、馆内藏品丰富多样、又对外免费开放,其文化传播影响力非同一般。当地媒体和相关部门对其关注颇多,并积极为其宣传,吸引大批参观者前来体验,达到了本公司未做任何宣传,却能被四处留名的效果。通过公共关系进行宣传,一是可以增强公司社会知名度和企业公信度;二是可以帮助企业做一定的宣传,为企业节省宣传费用,打响品牌;三是借助公共关系,能传播中国传统文化,增强国人对本土文化和产品的信心。

此外,大信也开通了直播渠道。直播营销指在现场随着事件的发生、发展进程同时制作和播出节目的方式,以该营销活动为载体,达到企业获得品牌的提升或是销量的增长的目的。随着抖音、快手等直播平台逐渐融入人们的日常生活,它们就成为大信家居博物馆的宣传方式之一。这类直播平台有用户覆盖面广、数量多、社区文化独特、宣传成本低等特点而成为一种新兴的企业宣传方式。大信并未在抖音、快手上直接宣传自己的产品,而是以日常小视频、现场直播等方式来向更广泛的受众介绍中国家居博物馆内藏品的精妙之处以及相关的企业文化和目标,以更深层次,更大程度拉近顾客与自己之间的关系。当然,根据此类直播平台量身定做的小视频更容易在群众中传播,这也是借助这些平台的优势加以创新,既能以此种方式让传统的文化普及更具趣味性,使得观众更容易接受和记忆,又能通过评论及时了解顾客需求,进而了解或改善生产计划。

三、家居博物馆的社会责任

企业社会责任(Corporate social responsibility,CSR),是指企业在其商业运作里对其利害关系人应负的责任。企业社会责任的概念是基于商业运作必须符合可持续发展的想法，企业除了考虑自身的财政和经营状况外，也要加入其对社会和自然环境所造成的影响的考量。利害关系人是指所有可以影响、或会被企业的决策和行动所影响的个体或群体，包括：员工、顾客、供应商、社区团体、母公司或附属公司、合作伙伴、投资者和股东，他们的利弊都将会成为影响企业关于是否承担社会责任的抉择的重要因素。一般来说，企业选择承担一部分社会责任，其主要目的是注重将难以量化使用的外部性因素转化为可为企业所用的社会性资本，所谓的社会性资本就是非本企业的人力、物力、财力以及社会关系等相关资本，是一些可用来帮助企业对外建立联系、创造利润、实现经营目标的金融或非金融性资本。

在以往的经营活动中，企业一般是通过对外捐款、打造负责任的企业形象、产业链的凝聚与构建等行为，积累自己的社会资本，并将其转化为企业的无形资产。从经济意义上讲，这类无形资产对增强消费者忠诚度、降低商品消费弹性，提升企业行业地位，有十分重要的意义。但是通过文献查阅的实证研究指出，企业社会责任和公司绩效间的关系可能并不一致，其关联性可能有正面影响、负面影响或者是不相关，而其中究竟是企业社会责任影响公司绩效，还是公司绩效影响企业社会责任是一个重要的问题。与此同时，企业是否该致力于社会责任行为，或者是否致力于提升企业社会绩效而带来更大的财务绩效，社会责任与企业财务绩效之间的关系却一直未有定论：第一种情况是当善尽企业社会责任时，可能会改善企业与利害关系人之间的关系，进而提高企业绩效，但也有可能会因而产生较多的成本使其财务绩效下降，以致无法达到利润最大化的目标时，企业会选择不在企业社会责任上做任何回应；第二种情况是，企业在其财务绩效比较好的时候，才会去善尽企业社会责任；第三种情况是企业经理人在企业财务绩效不佳时，才会试图增加在企业社会责任资源的投资，以掩饰财务绩效不佳的现象。

而大信在社会责任这方面的所作所为属于第三种情况，具有明显的创新性、适中性和非经济性，超越了企业承担社会责任的经济学思想桎梏，继承和改进传统做法，而且对企业的生产、销售、宣传等产生正向效应。一方面，大信利用微博、微信公众号、抖音（快手）等方式进行文化传播，承担社会责任，这些方式在一定程度上既能将家居文化进行广泛地传播，也能因这些平台的特点而大大缩减了承担社会责任的成本，巧妙地解决了因承担社会成本较高而导致企业负担过重的问题；另一方面，大信花费巨大的时间和精力成本建造博物馆以及相关产业链，厚积薄发，并将博物馆无偿对外开放。因此，大信追求的是将传统文化传播这一社会责任承担到底，是比较长期、稳定的，而不是像以往企业只在特殊时期或者在企业经营不善时才开展的短暂的社会活动，这帮助大信树立了一个专业、认真、负责任的企业形象，同时在很大程度上提升了顾客对大信的信任度与满意度。另外，大信不是向外进行相关投资，而是打造属于自己的文化符号和产品风格，将传统文化这一社会资本转化为无形资产。其中值得一提的就是大信家居博物馆在建造伊始就以创建一个集观赏、展览、教育、宣传、保护文物等功能于一身的理想之地为目的。大信无偿向外界提供工业旅游项目，通过这种方式将博物馆与公司展现给世人从而提高了企业知名度，也正因为如此，对于大信本身来说，开展工业旅游不仅得到直销产品利润等收入，降低了企业宣传成本，而且由于建设博物馆并发展成产业链对于企业来说是一个庞大的系统工程，花费的时间和精力不言而喻，这极易引起相关人士、部门及企业的关注，因此大信借助游客，微博、抖音知名人士等的参观经历以及相关部门（国家文物局）、新闻报道等公共关系来极大宣传了博物馆及产业链，进而宣传了企业品牌，提高了知名度，树立了良好的企业形象。大信顺应数字时代，利用网络技术，通过线上诸多文化宣传活动，通俗易懂的内容，精美绝伦的图画，长短适宜的视频将中国传统家居文化变为数字信号根植于消费者心中，使得消费者逐渐摆脱盲目崇尚国外家居风格的鉴赏与购买习惯。由此可以总结得到：大信所主动承当的社会责任并不是单单为其企业形象的树立，也不仅仅只为了经营利润，它是一家真正做到了将国家传统文化传播做到极致的企业，它无私奉献的文化传播精神和积极创新的经营传承精神值得国内企业学习。

（一）教育实践作用、休闲艺术创作之地

毛泽东曾说过："只有人们的社会实践，才是人们对于外界认识的真理性标准,真理的标准只能是社会实践";达芬奇也曾提起实践与理论之间的关系:"理论脱离实践是最大的不幸",由此可见,实践是亘古不变的话题,只有实践,才能将理论与实际联系起来,并得以运用发展。大信建造一系列博物馆,并将其建成集博物馆、工业旅游、产品宣传为一体的产业链。并且大信家居博物馆成为大信向国内外家具供应商、消费者和参观者提供免费参观的重点项目之一,也成为大学生实习教育基地,中小学生实践教育基地等。大信家居博物馆专业馆内馆藏丰富、形式多样,展示方式包括书籍、模型、出土文物、画卷等,始于汉朝止于近代;在现代馆中,参观者可以观赏各种类型的家具以及领略各类或传统或新颖的装修风格,因此大信家居博物馆成为中小学生收获知识,接受传统文化洗礼的教育圣地,同时是大学生们走近社会,开拓视野,获得经验的理想平台。此外,艺术创作大多来源于生活,大信家居博物馆内的藏品由于其用途特殊性,而且既具有各个朝代的色彩、技艺等标志,又有与当今时代紧密相连的生活特征,既不失庄重又不易与参观者产生距离感,因此,这里不仅成为许多顾客在休闲之余前来参观的理想之处,也成为部分艺术创作者的选择之一,另外无论是其他企业的设计者还是业余艺术创作者都可来大信免费预约参观,而且大信还会免费向其提供饮食。

(二)文化自信加速器

探索隐藏于日常生活所使用家具中的中国文化与工匠智慧,为生活添些情调,让人生充满趣味,也不失是一种与历史接轨,与传统文化相连的得益之事。在国人文化自信塑造过程中,大信借助本企业的微信公众号"大信家具博物馆"和微博号"大信家具博物馆"和"大信博物馆群"来具体宣传介绍各种古代家居的种类、用途、使用场景、演化历程、设计原理及内涵,展现出家居演变的漫长历程等,在这个过程中,大信结合其企业目标及其优势,通过微博、微信公众号等线上渠道介绍家居演变过程,进行馆内藏品、珍贵文献及相关画作等展示,以及阐述企业探寻古代家居文化所取得的成果和介绍将中国古代家居制作工艺与现代技艺巧妙结合的产品。利用网络平台从侧面表明大信对于中国古代家居文化进行了孜孜不倦的探索，努力帮助人们增加对古代家居知识的认知水平，此外阅读者或关注者通过简要了解这些知识，在某个时刻会感受到家具设计上的神奇之处，从而在他们心中家具不再只简单被理解为使用的工具，而是蕴含着古代工匠智慧和高超技艺的艺术品，进而促进人们提升关于本国文化的自信。俗话说："百闻不如一见"，在信息充斥的现代社会，亲身体会尤为重要，因此，大信开创了与网络平台相匹配的工业旅游商业链，在旅游过程中，大信设置的讲解人员和人工智能机器人会为参观者提供专业性的信息介绍，让人们不再拘泥网络世界的只言片语，而是将真实的古代家具展现给他们，让前来参观的人们更近距离地感受中国文化的精深。大信通过网上平台的文化宣传，结合免费对外开放博物馆，通过工业旅游为人们提供亲身体验的机会，双管齐下，从而提升游客对其的好感度与信任度，实现将大多数参观者转化成（潜在）顾客的公司目标。不得不说，大信家居博物馆的工业旅游一方面满足了旅游者的求知欲，传播了中国传统文化中的家居文化、塑造和激起了国人对本国文化的自信心和好奇心；另一方面促使他们转变传统理念，转向关注和消费蕴含中国文化的产品和服务，加速文化以家具的形式渗透于其日常生活。

（三）文化传承纽带

通过博物馆历史大数据的研究，大信可以说是一家更懂中国人的饮食及生活方式的企业，更懂中国人的家居设计的企业。大信家居博物馆开设专业馆和现代馆，充分体现了大信关于文化探索和传承的企业信念：不仅提倡向过去看，还坚持向未来看；也是大信追求的创新理念之一——向后看多远，就向前看多远。大信建造家居博物馆，并免费对外开放，以此种方式无形地向来人展示大信在探索中国古代家居文化的艰辛历程，事实上，大信的不少产品，都是设计者与生产者从这些古老的文物与传统文化中汲取灵感，并赋予它们符合当代工业设计的科学性和实用性，让古老的智慧在当代生活中随处可见，橱柜、衣柜、甚至案板，可能都是大信与传统文化碰撞出的灵感火花。大信在宣传古代家居文化的同时，也将家居文化融入产品设计中去，即坚持向未来看，另外通过以庞学元为主在直播平台上的日常介绍、企业纪录片的详细讲述、微信微博官方号的引经据典、专业部门的点赞宣传等活动，都生动形象地展示了大信如何对中国家居文化深刻探索，并将探索结果尝试融入产品设计中，同时通过企业产品将中国传统文化传向国人，播向世界。大信以自己的方式真正实现了文化传承和文化传播，同时使消费者意识到自己日常使用的家具中也或多或少地隐藏着古代智慧，这在一定程度上也是文化传承的一种，将自己的内心意识与实物相联系，更能加深两者之间的精神关联，进而实现大信文化传播的目标。

（四）保护文物

大信家居博物内藏品多达2000件，国家级藏品1000余件。大信家居博物馆在向参观者展示古代家居展品，让参观者近距离欣赏古代家居设计与制造的精妙之处和感受中国文化的博大精深的同时，也在担负起保护珍贵文物的重任。因为文物一旦经历战乱毁灭殆尽，其蕴含的文化和工艺便可能会无迹可寻，这将会是重大的文化损失，或者因私人收藏而无法展露给世人观看，也会产生极高观赏或收藏成本。而大信作为一家民营企业，花耗巨大的时间和精力成本建造的家居博物馆，从世界范围内广泛搜集并购买收藏古代家具文物或模型，并将家居博物馆发展成为工业旅游项目中的一个环节，一方面成功地保存并保护了部分珍贵文物以及相关的家居文化，为国家承担一部分的文化传播和传承责任，另一方面以这种更为直观的方式将藏品无偿地向国内外开放，这也体现了大信无私奉献的伟大企业精神。

（五）为顾客创造购买便利和参观体验

由于在旅游过程中，途径现代馆内，各种家具都搭配不同风格通过展览空间展现给参观者，参观者不仅可以观赏，而且可以用手触摸家具，感受其做工品质，同时装修风格和家具类型的展示也能够帮助顾客塑造理想居住环境，将他们所想的产品能够真真正正地被设计生产出来，并且家具下方都附有产品介绍、价格和购物二维码，免除了顾客询问价格和选择购买方式的过程，大大缩短了产销距离，更好地满足旅游者的购物需求，为他们提供便利服务。在专业馆内，部分文物玻璃展柜上附有"微信扫一扫，听语音导览"字样、以及二维码和文物名称，参观者可以用过扫描二维码来详细了解文物相关知识，大信将语音导航和具体文字介绍结合起来，内容包括文物所处朝代、构造、用途以及历史发展等内容，来加深观众的印象和感受，既能使他们获得良好的参观体验，也能帮助他们系统、详细地了解古代家居文化。

（六）提高国人对本国企业自信心，助力拉动内需消费

由于参观者在大信家居博物馆的工业旅游中可以深刻了解到中国文化如何在家具中运用，极大程度地提高了文化自信，家居博物馆的恢弘以及藏品的丰富多样和在微博、微信公众号的文化宣传，极易使参观者与关注者感受到大信在家居文化方面进行不断探索的艰辛历程和对家具追求精益求精的设计和生产态度，也对大信及产品产生了更多的信任。大信还通过工业旅游促进了中国传统文化知识的普及，提高人们对本国企业的信心，为助力拉动国人内需消费，奠定了良好的社会基础和文化基础，此外，由于工业旅游向外展示企业文化及结构，借助人们的观察与监督，有利于企业朝着健康、正确的方向成长壮大。

第三节　非洲艺术博物馆及其社会责任

一、非洲艺术博物馆建馆初衷

大信非洲艺术博物馆2019年4月动工，2020年开馆。在大信非洲博物馆的前言中写道：这个是非洲木雕艺术博物馆。为什么做非洲博物馆呢？我们先简单说一下，文物是文明的物证，艺术是生活的高级表现，非洲艺术是现代人们依然可以抚摸的原始文明的千年余温，弥足珍贵，因为她是现代艺术的母亲，是人类的初心。从中，我们不难看出毕加索、马蒂斯、布拉克等西方现代艺术大师的灵感源头，还能看到唐老鸭、阿凡达、黑豹等电影大片的形象原型。大信为什么要建设非洲艺术博物馆？

因为如果要做原创设计，要建立的是企业级的设计，就需要有很多人才，同时硬件、软件、理念也能够培育、能够吸引、能够沉淀企业自己独有的设计能力和设计理念，这些都是必须和必备的。大信非洲艺术博物馆的藏品很丰富，在非洲也都是文物级的。大家都知道非洲的文明在国内较少受到重视。但是你知道吗？欧洲人非常重视非洲文明，美国人也非常重视非洲文明，欧洲的主要城市，都有非洲博物馆，美国也有非洲博物馆，卢浮宫还有非洲的专业馆。文明应该受到尊重，科学、文明它都有它存在的价值，存在即合理。你看到的每一件的文明文物，都可以感觉到它充满了表现力稍加修改就是一个非常现代非常棒的饰品或者艺术品，甚至是一个雕塑。很多的欧洲现代艺术的创新也是来源于他们传统的那种很拘谨很写实很理性的艺术品味，在和东方艺术和非洲艺术激烈碰撞以后，现代化的产物。所以说这种文明原始回看的基础研究，在于一个国家享有真正的原创，对文明研究、文明积累的基础研究是不可浮躁的。

庞学元说："工业设计是传统的，要想研究人的生活方式，就必须得做基础研究。"工业设计是传统的再造。是要抛开现有的想法，重新从本源开始去创造。杯子的存在是为了喝水去设计的，而不是为了设计而设计。因此，设计需要回归到本源上。

为做基础研究，庞学元及其夫人开始大量收集资料。他们收集了五千多件文物，这五千多件文物作为研究的基础，研究古人的生活方式。而这些历史文物资料以及从中所研究出来的结果可以作为大信预测市场的资料。大信是做设计的，设计需要参考资料，更需要灵感。现有的历史资料、营销资料都是一些简单的资料，做设计根本不够。设计还需要参考人的民族、生活氛围、色彩等。所以这五千多件历史文物就可以作为积淀，为设计提供参考。

随着科技的发展，品牌的传播方式发生了巨大的改变，整个社会信息化开始越来越显现。传统媒体、电视台、报纸等传播方式越来越落伍。大信需要通过其他方式来宣传大信品牌，因为在研究模块化的过程当中各地都有很多企业来参观、学习，所以大信的工业旅游一开始是从同行参观开始的。值得一提的是，同行参观学习以后的效果很好，大信品牌在行业里面很快就得到了认同。

同时，庞学元深刻理解了品牌的含义。品牌89%来源于体验性，9%来源于知名度，知名度不是品牌度。为了让更多的人知道、了解大信品牌，大信就把他们收集的文物进行整理，建立了一个博物馆。通过建立博物馆吸引大量客户去参观，让更多人知道大信。

企业品牌是企业价值观和市场竞争力的综合体现，在当前激烈的市场竞争环境下，品牌已经不再只是作为识别和区分产品或厂家的标志，它已经成为企业对消费者的承诺，成为企业市场竞争力的来源。品牌代表一种价值，一个强势的品牌能够为消费者带来极大的心理满足，拥有一个强势品牌就意味着拥有消费者的忠诚。一个强势的品牌不仅本身有极高的市场价值，而且往往能够成为企业赢得竞争对手的强有力的武器。品牌是企业生存和发展的动力，是一种无形资产，是一种文化的再现。

博物馆作为一种企业宣传方式向外宣传大信的设计理念及品牌。发展企业的个性品牌，能提升市场竞争力，有利于创造营销沟通优势，赢得更多的市场份额，同时能和消费者建立情感上的联系；有利于提升品牌价值，为企业带来营销额和利润，能提高企业的无形资产，增强企业的生存和发展能力。

大信作为工业企业，有着心系顾客，用心去做中华民族的好子孙的理想。工业旅游是实现理想的一部分。建造非洲艺术博物馆，在给个人和企业创造灵感来源的同时，也给同行及社会、国家提供了一个学习非洲艺术的机会。所以说非洲艺术是一种原始的文明，企业同行可以从大信非洲艺术博物馆中参观学习非洲文物，从文物中寻找灵感，形成自己的思想体系。

大信建造的非洲艺术博物馆让更多的企业、个人意识到非洲文化的重要性，设计要回归到原始，不能只是照搬照抄，要想做原创的东西，就得一步步学习研究原始文明，不断积累。踏踏实实一点点去积累，才能做成大事，大信非洲博物馆于我们是一种工业的教育。

二、非洲艺术博物馆建馆历史

位于河南郑州的大信非洲艺术博物馆是目前全球较大的非洲艺术博

物馆，馆内藏有七百多件藏品，这些藏品全部由庞学元和夫人一件件从民间收集而来。

关于为什么要建立非洲博物馆，庞学元讲最早我们的祖先是有飞天形象的，到宋以后就不画飞天了，到明清都不再提飞天了，而现在我们又开始飞到天上了，就是有时候人的思想没有打开，我们需要找回人的初心，而非洲文明是人类最早的文明，大信在研究和学习欧美家居艺术时发现，他们国家较发达的城市几乎都有非洲博物馆，所以大信也花费大量金钱建造了非洲木雕艺术博物馆，在该馆中都可以找到唐老鸭、阿凡达、黑豹、哭泣的毕加索女人、1984 机器人的原型。大信把博物馆群打造成一个大的公园，免费对外开放，让所有工业企业都可以从人类的最初文明中寻找灵感和找回初心。每次带领学生到大信参观学习，庞学元和庞理都会强调，希望大家以后多来大信参观交流学习，他们是免费的博物馆、免费的公园，只要是在学习中遇到问题和困难都可以带到大信来学习和思考，并试着打破思维界限去寻找答案。

非洲艺术是人类的初心，也是现代艺术的母亲。庞学元收集的非洲藏品不单单只是为了个人和企业设计有灵感，也对整个家居行业有启发作用。思想意识就是创新能力，对创新的想象主要来源于打破人的思想界限，就像邓小平的解放思想、改革开放思维，就像欧洲的文艺复兴。他们都是打破原有思维的人。大信也提出一个新的理念，这个理念的根源主要来自非洲，非洲是原始文明，它充满着自己的想象力，这些想象力能给设计带来最原始的灵感，创造出不一样的东西。

李馆长介绍说：只有在非洲特定的地理位置，特定的气候，才造就了它保留原始文明的初心，所以非洲木雕艺术博物馆的藏品都是 70 年以前的，而之后的雕塑作品大信在收集这些文物的过程中就放弃了，主要是考虑到已经被现代文明同质化了。70 年前的藏品保留了非洲文化的原汁原味。所有大信非洲木雕艺术博物馆的藏品都有语音介绍，参观者只需要扫描二维码就可以聆听。

在 2015 年，大信开始筹备非洲艺术博物馆，这个馆内的藏品大多是关于神灵的。罗素曾说，哲学是关于神学与科学的。非洲是人类的初心，它的各种面具代表了一些超自然的力量，这是打破人的思维方式的一把钥匙。而人的思维方式分为三个方面，一是思维方式，二是行为方式，三是责必信。

大信非洲艺术博物馆内的每一件藏品都是从民间渠道购得的。每一件藏品都关乎神灵，神灵给予人的是对未来的想象，是与自然和超自然力相关的。有的人在现有基础上看设计就是一个设计，而庞学元去看现代的工艺品已经上升到了哲学的层面。设计必须上升到哲学的层面，才能真正做出来东西。就比如意大利是工业革命的发祥地，但他的工业依旧不够发达，这是因为他还活在达芬奇时代；近代的中国经济发达，GDP占全世界的70多，但为什么还是被西方列强入侵，其原因在于当时的统治者和人民还依旧活在农业时代。人要创造新的未来，就要打破自己的思维界限，进行创新。而大信建造非洲博物馆就是来解决这个问题的。让设计者打破原有思想界限，从根源上进行创新设计。

蓬皮杜艺术中心就是蓬皮杜总统为了解放法国人的思维而建的一个艺术中心。他在一个老城区拆掉了一大片的房子，建造了一个"奇形怪状"的博物馆。这个博物馆艺术中心展现的全部都是现代艺术品——反古典艺术，反达芬奇，反对他们的思想等。这些现代艺术品创造了另外一种艺术，渐渐形成他们的艺术中心。所以英国、法国和德国对艺术创作这个事情思想比较解放，而意大利却沉浸在他们的达芬奇时代出不来。美国的艺术思想也比较开放，所以美国领先了，每个时代都有一个阶段，这个阶段需要去打破，思想需要创新、与时俱进。

我们发现，中国汉代以后的文物里就没有飞天、没有怪兽，特别到了唐代以后飞天和怪兽就基本上消失了。这什么原因呢？因为当时人们认为这些都是想象出来的，根本不可能实现。但是我们的卫星又是怎么上天的呢？怎么会有嫦娥号呢？这就是要打破思想界限，打破人不可能上天的思想界限。所以大信在研究传统文化的过程中，发现了非洲神灵的重要性，非洲的神灵才是最根源的东西，文化是一个国家的灵魂，一个企业要收集那么多的非洲文物是有一定的难度的，但是大信做到了。这不得不让人感叹大信的力量是多么强大，大信从民间渠道买到了大量的非洲文物。与此同时大信有专业性，他们能看懂非洲的艺术，知道非洲文物有什么作用，因此就把它们给收集起来，建造大信非洲艺术博物馆，他们建造博物馆的根本目的并不是为了赚钱，而是给员工一个灵感的发源地。

三、非洲艺术博物馆管内展品及意义

非洲艺术是现代人们依然可以抚摸的原始文明的千年余温，弥足珍贵，因为她是现代艺术的母亲，是人类的初心。

大信非洲木雕艺术博物馆从馆藏非洲文物中精选400余件进行展示，题材涵盖传承与生育、祖先与神明、生活与娱乐三个方面，内容包括雕像、面具、乐器、建筑构件及生活用品等。非洲传统宗教以自然崇拜与祖先崇拜为核心，他们认为死亡不是生命的终结，而将信奉的图腾铸成塑像或面具，作为象征神明与祖先灵魂永生的圣物，去沟通人与"神"与"灵"之间的存在和关系。

非洲木雕是非洲雕刻艺术的重要表象，在木料为基材下亦有金属、骨质嵌入，或以贝壳、毛发、羽毛、兽骨角牙等作装饰，形象简练、夸张而神秘，表现出人类最本真、最自然的一面。从中，我们不难看出毕加索、马蒂斯、布拉克等西方现代艺术大师的灵感源头，也能看到阿凡达、黑豹等电影大片的形象原型。

非洲雕刻是艺术与宗教、民俗、社会意识相互融合的结果，是生活在那里的人们传递信息、延续文化的载体。雕刻作为非洲大陆的"公共符号"，体现着原始部族的社会教化与价值认同，她超越了审美的意义，她就是生活本身，她使我们打破了古典文明与现代文明的遮蔽性，使我们在感受人类原始文明体温的同时去体验人与自然神灵的对话。

世界文化具有多样性，但基础的、原始的，才是最稳定的，才是人类最同根的。向后看多远就能向前看多远，研究非洲艺术的目的是立足于当前工业化、智能化、现代化新时代，从原始文明找回"初心"，再造新文明、服务新时代，为建立人类命运共同体提供方向性参考。

（一）非洲艺术

独具魅力的原始部落文化——那些你不了解的非洲艺术，不止烫脚舞——一段非洲"烫脚舞"的视频曾火爆朋友圈,舞蹈者佩戴面具、双脚在地面快速地交替踩踏,网友戏称其为"电动小马达"。其实这段舞蹈叫作科特迪瓦面具舞,出现于科特迪瓦古鲁族的婚丧嫁娶等一系列重要活动上,在 2016 年成为世界非物质文化遗产。独具魅力的非洲原始部落文化中,可不止有"烫脚舞"。

广袤的非洲大陆是一个神秘而令人向往的地方,在撒哈拉沙漠以南,大多数地区一直保持着原始的生活状态,直到欧洲人抵达这里。欧洲人从这里带走了有用的黄金、象牙、铁和大批奴隶,也以欧洲人的眼光遗留下了他们的观察。

经过 20 世纪以来对非洲文化的研究与介绍,非洲艺术的价值和意义得到世界范围的普遍认同,在今天的世界各地的博物馆、展览馆中,都陈列有非洲艺术品供世人观赏,一些带有浓厚非洲艺术风格的代表性作品,也成为欧美著名艺术家创作的灵感源泉与模仿对象。然而在 19 世纪欧洲出版的、探险游记、殖民者考察报告中,非洲是一个完全没有理性智慧与现代文明的野蛮世界。这些观念影响了包括黑格尔(Hegel)在内的许多欧洲知识分子。黑格尔否定了非洲文明的一切成就,包括他们的艺术。对于非洲人的艺术品,黑格尔只将其看作是人们"迷信"的副产品。黑格尔的观点是当时欧洲"种族中心主义"和"文化中心主义"的反映。事实上,当时欧洲许多学者、殖民官员都持这样的论调。

尽管在非洲许多种语言中没有"艺术"一词,但非洲文化与我们称作艺术的那些物品分类,是可以相对应的,不过它们对于艺术品的审美体验有自身的特性。

借用著名经济人类学家卡尔·波拉尼(Karl Polanyi)的说法,"经济是被嵌合在社会中的",实际上艺术也是"被嵌合在社会中的"。艺术与社会文化的各个层面深刻地交织在一起。

非洲艺术最大一个特点是艺术与生活交融。从日常饮食起居所需的瓶罐,到人们穿戴的服装首饰,到各种仪式使用的面具和雕塑,艺术无处不在。非洲人民也许不富有,但他们对于生活中美好事物的欣赏,以及普遍具有的艺术才能,却令身居现代社会的所谓文明人感到惊讶。

在非洲人们尽情装点身边的一切事物,故而非洲艺术的品类十分繁多。如果以材质划分，它包括木雕、牙雕、石雕、金属铸件、陶土器物、织物、彩绘、珠串、皮革等，其种类之多，给人应接不暇的感觉。

非洲艺术大多与本土宗教信仰有关。非洲人认为自己的祖先就是口衔刻刀来到人世的。在非洲，艺术远远超越审美的层面，成为整个信仰体系的关键要素，赋予生活以意义，或者它们即是生活。

非洲人千百年来形成了自己的文明，创造了自己的艺术，并将其世代传承了下来。许多非洲人或许从来不知道，什么是西方观念上的那种"艺术"，但实际上，非洲人民却一直生活在自己的艺术世界里，他们的宗教祭祀、仪式、雕刻、纹身、发饰、舞蹈、吟唱都是艺术，艺术环绕着他们的社会空间与生活空间。

非洲传统艺术有自己独特的发展模式和历史，要理解非洲传统艺术须建立在非洲自身传统世界观上，即是要求我们避免理论学家长期随意摆布的虚幻词汇，代之以近距离观察传统非洲人是如何行动的。

为进一步促进非洲艺术与东方文明的平等交流与对话，大信非洲艺术博物馆保护并收藏了非洲文物400余件，题材涵盖生育与传承、祖先与神明、生活与娱乐三个方面，内容包括雕像、面具、建筑构件及生活用品等。

（二）馆藏典型雕像

"母与子"雕像，连接非洲大陆过去、现在和未来的纽带：

"母与子"雕像，作为非洲传统雕刻表现的重要主题，内涵丰富，造型多样，既不乏写实性，又有恰到好处的夸张变形，透露出感人至深的原始和粗犷之美。

对非洲人而言，儿女多是富有和声望高的标志，无儿无女则是最大的灾祸之一，因此非洲女性的生育能力受到部族人一致的尊重。这与非洲复杂的生存环境需要劳动力有关，也有着来自传统宗教习俗的影响。非洲"母与子"雕像作为满足这一精神需求的重要载体，伴随人生成长的各个阶段，频繁出现在各种宗教仪式和日常生活中。

非洲"母与子"雕像，它首先赞美的是妇女在生产、抚育孩子方面所具有的天性和能力，而且非洲人普遍相信新生儿是祖先魂灵的转世，所以它更象征着连接过去、现在和未来的纽带。

"母与子"中的母亲形象,可能代表着氏族或家族的女性祖先,也可能是非洲传统宗教中某一位女神的象征。非洲女性一般腰部较细,胯部较宽,在非洲雕刻中也有把女性胯部表现得比肩还宽的作品,以强调受孕和繁衍的能力。

与西方的传统审美法则不同,非洲的"母与子"雕像着重表现的并非是一个照顾孩子、享受家庭欢乐的慈祥的母亲,而是代表着一种来自神灵或祖先的能够保证家族延续,庄稼和牲畜丰产等的超自然力。作为非洲雕刻艺术的杰出代表,非洲"母与子"雕像也是非洲人生活的重要组成部分,贯穿于人之始终。

喀麦隆巫医雕像:

巫医在非洲部落中扮演着一个重要角色。非洲人认为巫术、咒语、亡灵和神,是导致死亡的原因,而这些巫医不仅是治病的大夫,也是一把给人们解脱心灵痛苦的钥匙。因此,他们供奉巫医雕像祈求健康长寿、多子多孙以及抵御邪恶的力量。

尼日利亚约鲁巴族母子雕像:

生育崇拜是非洲传统信仰的重要部分,因此"母与子"雕像也是非洲传统雕刻表现的重要主题。非洲母子雕像内涵丰富,造型多样,既不乏写实性,又有恰到好处的夸张变形,透露出感人至深的原始和粗犷之美。

加蓬芳族祖先雕像酋长椅:

非洲的椅子造型十分奇特,椅子脚是动物或人的造型,形制十分简洁,根据主人身份的不同,雕刻有不同的纹样,越是繁复,说明主人地位越高,体现出使用者的威严。

马里多贡族人物群像浮雕门板:

世上没有哪一个民族的门窗板像非洲一般雕刻得如此耐人寻味。不同形象和寓意的人物、动物、纹饰大小错落、有条不紊地并置在一起,构图饱满而充满张力,雕刻手法简练而朴拙,给人以强烈的视觉冲击力和颇具韵味的审美感受。

刚果双人顶三面酋长鼓:

以非洲鼓为代表的膜鸣乐器则是最著名的非洲乐器，常见非洲鼓由蟒蛇皮、动物皮、动物毛发等制成，且每一件上面都有一些彩色的、各式各样的装饰或雕刻，不同的鼓有不同的用途和节奏模式，如说话鼓常用于群众之间传递信息或者某些宗教仪式、歌舞及节日庆典上。

加蓬普奴族木雕人像拇指琴：

琴体以木头雕刻而成，整体为女人的形象，躯干部位为共鸣体，靠拇指拨动琴体上的竹制薄片发声，是一种具有非洲民族特色的乐器。

巴加族：

巴加族的不同阶层都有着自己相应的面具。收获之后，在打谷子的季节或社会成员葬礼时，人们才把这些面具拿出来佩戴。一种叫作"尼姆巴"的肩荷面具，重达68公斤，它的体积庞大，下半部分有四个支撑物，以便放在佩戴者的肩膀上。这种面具的光滑面与雕出的线条、鱼脊骨花纹及其他图案形成了鲜明的对比。这种雕刻面具形式鲜明突出，头部硕大，有一个尖尖的鹰钩鼻子，发式新颖，头部前倾，脸上有刺花图案，头发上有鱼鳞式花纹。

非洲雕刻是艺术与宗教、民俗、社会意识相互融合的结果，是生活在那里的人们传递信息、延续文化的载体。雕刻作为非洲大陆的"公共符号"，体现着原始部族的社会教化与价值认同，她超越了审美的意义，她就是生活本身，她使我们打破了古典文明与现代文明的遮蔽性，使我们在感受人类原始文明体温的同时去体验人与自然神灵的对话。世界文化具有多样性，但基础的、原始的，才是最稳定的，才是人类最同根的。向后看多远就能向前走多远，研究非洲艺术的目的是立足于当前工业化、智能化、现代化新时代，从原始文明找回"初心"，再造新文明、服务新时代，为建立人类命运共同体提供方向性参考。

四、非洲博物馆承担的社会责任

非洲传统宗教以自然崇拜与祖先崇拜为核心，他们认为死亡不是生命的终结，而将信奉的图腾铸成塑像或面具，作为象征神明与祖先灵魂永生的圣物，去沟通人与"神"与"灵"之间的存在关系。非洲艺术是现代人依然可以抚摸到的人类原始文明的余温，弥足珍贵，她是现代艺术的母亲，是人类的初心。

中非交往源远流长，近年来，随着中国政府对非援助和政治互信的增长，国内资本对非贸易和投资迅速扩张，学术界也对非洲投入了更多的目光，有关中非关系和非洲政治经济、文化艺术等问题被频繁提及并成为重要话题。由于艺术是多维揭示非洲文化的一个重要组成，因此加强非洲艺术研究显得尤为迫切和重要。当下我国的非洲文化研究领域仍存在许多问题，例如：对非洲的研究相对集中在北京、上海、深圳等一线城市，缺乏一手资料，原创性研究较少，研究不够深入等。大信非洲艺术博物馆的建立，将大量不同类型的非洲雕刻文物展现在市民面前，不仅打开了郑州市民观察、体验非洲文化的窗口，也为周边地区乃至全国范围内非洲文化研究提供了专业平台和基础，弥补了国内非洲文化学科领域的空白。因此，大信非洲艺术博物馆的筹建，受到国内文博、艺术等专业领域的诸多关注，吸引众多专家、学者前来考察交流。世界文化具有多样性，但基础的、原始的，才是最稳定的，才是人类最同根的。非洲艺术绝对是一座宝库，其中的瑰宝数不胜数，无不显示其独特的艺术魅力，令人百读不厌。

大信非洲艺术博物馆，在非洲艺术与东方文明之间架起了平等对话的桥梁，让更多人能够近距离观察非洲艺术，了解非洲文化，让多元文化在相互碰撞与交融中得以发展。向后看多远就能向前走多远，研究非洲艺术的目的是立足于当前工业化、智能化、现代化新时代，从原始文明找回"初心"，再造新文明、服务新时代，为建立人类命运共同体提供方向性参考。

1923年，英国学者欧利文·谢尔顿基于对美国企业管理的长期考察，提出企业社会责任这一概念：其认为企业社会责任是指在企业经济效益目标之上的对消费者、环境、利益相关者和社会的贡献。在后续的研究中，相关学者在谢尔顿的研究基础上扩大了企业社会责任的内涵，强调企业应当维护员工的合法权益、应当积极承担的经济、法律、生态环境保护责任。在计划经济时代，企业承担了大部分的社会责任，企业的经营重点在于体现其社会功能，因此当时企业具有极高的承担社会责任的意识，其战略也紧紧围绕社会的发展。

任何企业都必须立足当前、兼顾长远，在创造企业经济价值的同时，主动履行社会责任。企业社会责任主要包括：对员工的责任、对债权人的责任、对消费者的责任、对社会公益的责任、对环境和资源的责任，此外，企业还有义务和责任遵从政府的管理、接受政府的监督。企业的经济价值与社会责任融合，是当今中国企业发展过程中不容回避的问题，这是推动我国企业管理逐步走向现代化管理目标的要求，更是我国新时代中国特色社会主义实现可持续发展的客观需要。企业社会责任更多属于道德范畴，不具备强制性，是企业依照社会道德范畴和标准，对自身发展的严格约束。正是基于强烈的企业社会责任心，大信建立了多家公益博物馆，其中大信非洲艺术博物馆见证了非洲艺术和人类发展的烙印。

（一）初心

雕刻作为非洲艺术的"公共符号"，体现着原始部族的社会教化与价值认同，她超越了审美的意义，她就是生活本身，她使我们打破了古典文明与现代文明的遮蔽性，使我们在感受原始文明体温的同时去体验人与自然神灵的对话。

大信非洲木雕艺术博物馆从馆藏非洲文物中精选400余件进行展示，题材涵盖传承与生育、祖先与神明、生活与娱乐三个方面，内容包括雕像、面具、乐器、建筑构件及生活用品等。非洲雕刻表达了非洲人民对生活的激情与热爱，无论是门板、窗板等建筑构件，还是枕头、汤匙、储物盒等生活用品，抑或棋盘、乐器等娱乐用具，都会进行精雕细琢。非洲人通过雕刻将器物拟人化或拟神化，将人神互通的意愿直观地表达出来。非洲木雕是非洲雕刻艺术的重要表象，在木料为基材下亦有金属、骨质嵌入，以贝壳、毛发、羽毛、兽骨角牙等作装饰，形象简练、夸张而神秘，表现出人类最本真、最自然的一面。我们从非洲雕塑中可以感受到一种生命力，它们有一个共同点：简练、质朴、神秘、有强烈的表现力。从中，我们不难看出毕加索、马蒂斯、布拉克等西方现代艺术大师的灵感源头，还能看到唐老鸭、阿凡达、黑豹等电影大片的形象原型。

（二）传承

78岁的"中国工业设计之父"柳冠中在参观大信非洲艺术博物馆中讲到："没有这个博物馆，欧美是我们的老师，有了这样一个非洲博物馆，欧美是我们的同学。这个馆的规模与藏品，相比美国纽约大都会博物馆非洲馆馆藏更加丰富，涵盖内容更广阔。"大信非洲艺术博物馆可以说现在是全球较大的非洲博物馆，馆中的藏品是一个一个搜集过来的。它符合家国情怀，替国家完成一些事情。

传承是一种伟大的坚持。庞学元个人的资金用来筹建整个大信非洲艺术博物馆的藏品，从民间渠道用现金搜集文物，第一是因为庞学元自己本身就是这方面的专家，能看得懂这些物品是有什么用的，具有学术专业性，能够从关于哲学和科学的角度来进行文物的一些筛选。大信非洲艺术博物馆里的每一个展品都是与神灵相关的，给予人对未来的想象是自然，也是和超自然力相关的。这也照应了我们前面所说的非洲艺术是现代人们依然可以抚摸到的人类原始文明的余温。生育崇拜是非洲原始信仰的重要部分，非洲社会生产力低下，人口就是生产力的象征，人口数量决定部落力量强大与否；同时，非洲传统宗教认为子孙绵延不绝，人死之后灵魂才能与现世保持联系、轮回再生，因此非洲女性的生育能力受到部族人一致的尊重。生育崇拜是非洲雕刻艺术的重要题材，母与子、孕妇等形象经常出现在非洲雕刻艺术中，祖先雕像也多男女成对出现，他们对生殖器官的表现非常大胆，显示出非洲人对生命的向往和对繁殖能力的赞美。非洲艺术是现代艺术的母亲，是人类的初心，能够帮助到我们国家以及世界文化与文明更好的传承下去。大信非洲艺术博物馆就起到了这样的一个作用，这是我们与文化文明交流碰撞的一个桥梁，意味着大信非洲艺术博物馆承担着很多，这也正体现了大信非洲艺术博物馆的社会责任。

（三）传播

我们要打破自己的思维界限，来创造新的未来，而非洲艺术博物馆就是用来解决这个问题的。蓬皮杜艺术中心是蓬皮杜总统决定兴建的，为了解放法国人的思维。巴黎千篇一律的中世纪风格建筑,尽管都精雕细刻,美轮美奂,但是时间久了总会让人审美疲劳,渴望突破。在美国高楼大厦不断突破高度、科技不断进步的年代,欧洲城市尽管不可能破坏城市的风貌去建筑太多高层建筑,但总是会对自己的风格有所动摇,一边坚定的认可自己的文化的,一边又在想是否与世界同步更能彰显自己的包容。于是,法国在一个老城区拆掉了一大片房子,建造了一个"奇形怪状"的博物馆,蓬皮杜艺术中心展现的全部都是现代艺术品,就是反古典艺术、反达芬奇,反对他们的思想。打破思维限制去创造了另外一个艺术,然后变成他们自己的艺术。在每个时代都会存在着一个保守阶段,但是这个阶段需要被打破、从而去创造更多的价值。在冲突与碰撞中寻找新的未来,在反省中追求完美。

"创新是一个民族进步的灵魂,是一个国家兴旺发达的不竭动力。"博物馆中展览的文物,从艺术到科学,从社会历史到自然生态,从民族文化到异域风情,涉及人类发展的方方面面,都是人类的艺术瑰宝,是所有科学文化知识的凝结,在这种文化体认下,必然能够催生出一种探索、创新的自我意识,这对创新精神的培养意义重大。博物馆已经成为一部人类"百科全书",博物馆作为一个获取无限知识的大讲堂,以史为鉴、以文明为基石,不断地开拓进取,培养深厚的创新精神,科学的思维,也就是人的想象力从这里出来。在设计方面,设计的很多原型也都是从博物馆出来的,包括汽车的造型都是从博物馆出来的。所以建造大信非洲艺术博物馆不仅仅不是对大信,它对整个世界的家居行业和工业设计界都有不少启发作用,能够激发创作者的灵感。

独特的地理环境和宗教信仰影响了非洲人对色彩的审美趣味。非洲人多用红、黄、白,次之是蓝、绿,其他色彩极少出现。非洲艺术常给人冲动、激情、热烈的心理感受,赤道的阳光是造成这种现象的主要原因,非洲人的生活与自然接触极为亲密,红、黄等色正是人们在接受阳光照射后内心色彩感知的外化形式,蓝、绿则是水与植物的体现。另外在非洲的许多部落中,红色与血液联系在一起,象征着生命、快乐与健康。大信家居在研究非洲木雕色彩的基础上,将非洲艺术亲近自然、色彩饱满的特征运用现代家居设计中,形成了一系列具有非洲色彩特征的现代家居方案。以橙红、深灰、纯白为主色调的整体厨房,红的热烈与灰的沉稳相得益彰,操作台使用白色又不失厨房的洁净感;原木与白色为主的家居中,绿色的加入丰富了整体的层次性,在现代都市中依然可以感受自然的生机与活力。

企业文化是企业为解决生存和发展的问题的而树立形成的,被组织成员认为有效而共享,并共同遵循的基本信念和认知。企业文化集中体现了一个企业经营管理的核心主张,以及由此产生的组织行为,由其价值观、信念、仪式、符号、处事方式等组成其特有的企业文化形象。文化属于软调控,它能使全体员工在企业的使命、战略目标、战略举措、运营流程、合作沟通等基本方面达成共识,这就从根本上保障了企业人际关系的和谐性、稳定性和健康性,从而增强了企业的凝聚力。积极向上的理念及行为准则将会形成强烈的使命感、持久的驱动力,成为员工自我激励的一把标尺。一旦员工真正接受了企业的核心理念,他们就会被这种理念所驱使,自觉自愿地发挥潜能,为公司更加努力、高效地工作。

大信非洲艺术博物馆作为非洲文化和非洲文明的集中表现,作为非洲艺术传承的载体,肩负着弘扬文化,振兴精神的艰巨使命。通过这些文化展示,能够使人们了解非洲的历史和辉煌文明,并且以此作为激励,将文化与交流进行不断传播与交流,这便是大信超出法律和公司治理的对利益相关者最低限度义务之外的,属于道德范畴的企业社会责任。

图 5-5 大信非洲木雕博物馆一隅(大信家居供图)

当两种不同的文明在一起碰撞的时候，各有各的美、各有各的好，各有各的优势。我们回眸再去看这种文明的时候，就成了人类对文明的另外一种看法。大信非洲艺术博物馆的建立就是立足于当前的工业化和现代化，从原始文明找到这个创新能力，再创新文明，为人类命运共同体寻找方向。

（四）同在

了解大信的人都听说过，大信家居有一种特殊的、有别于其他家居企业的玩法——工业旅游。总的来说，工业旅游是一种旅游新概念和产品新形式，是伴随着人们对旅游资源理解的拓展而产生的。非洲传统艺术有自己独特的发展模式和历史，要理解非洲传统艺术，须建立在非洲自身的传统世界观上。即要求我们避免虚幻理论学词汇，代之以近距离观察传统非洲人是如何行动的。为进一步促进非洲艺术与东方文明的平等交流与对话，大信非洲艺术博物馆保护并收藏非洲文物400余件，于2019年11月底正式开馆。他是一个融合文博旅游、设计服务、智能制造观览、科研游学、艺术展演、产品体验展销的综合体，是依托企业，服务企业，服务社会的公益性工业旅游园区，迄今为止，已接待40多个国家，50多万人次参观交流。

品牌之间有交流才会有发展，欧派家居作为国内家喻户晓的定制家居品牌，大信家居作为国家高新技术企业、国家智能制造试点示范企业、改革开放40周年成就展唯一入选的建材品牌，两者都是国内定制行业的开创者，共同经历了20多年品牌发展历程。

2021年1月6日，欧派集团副总裁刘军率领集团制造、研发、营销、培训等各部门负责人，到大信家居总部参观交流，大信家居董事长庞学元、大信厨房博物馆馆长李电萍女士热情接待。团队一起参观了大信国家3A级景区，大信家设计工业旅游景区——大信非洲艺术博物馆以及大信"魔数屋"工业旅游景区。

双方深入交流，共同总结了定制家居行业制造经验，探讨了未来行业发展趋势，欧派集团对大信的飞速发展大加赞赏，这也是多年来大信与欧派的再一次深度沟通。

所有留存至今的伟大，一定在它所诞生的年代里，为大众提供过不可替代的现实意义。无论陶器也好，青铜器也罢，还是那偏爱麻糖的灶王爷，都时刻在提醒着现代中国人：食无小事，吃这件事，是华夏子孙对生命珍惜而不失洒脱的尊重，是对生活艺术而不失严谨的经营。

2020 年 12 月 21 日，郑东新区龙腾小学的全体师生和家长代表走进大信，在这里探访中华美食背后的文化；寻找七星灶上袅袅炊烟的故事；体验擀皮和裹馅儿把冬至与爱包进饺子里的其乐融融，师生和家长代表在博物馆里度过了一个祥和温暖的冬至。

非洲雕刻艺术为人类打开了创新与创造的大门，大信非洲艺术博物馆则为孩子们提供了一个与文物面对面交流的机会。孩子们在参观的过程中用心去阅读，放下自己，投入宽广的时空，去聆听人类祖先心脏的跳动，用心用爱去体验，愿我们的每一个小朋友在其中都学有所得，研有所获。

（五）永生

21 世纪的到来，绿色消费热度上涨，绿色消费的潮流已经悄然而至，绿色营销也将成为 21 世纪的营销的热点之一。站在企业角度来看，绿色营销核心就是要顺应时代可持续发展的要求，注重地球生态环境保护，促进经济与生态环境协调发展，以实现企业利益、消费者利益、社会利益及生态环境利益的协调统一，在经济发展的同时，不以环境牺牲为代价。

绿色营销可以分为绿色产品，绿色生产，绿色供应链，绿色品牌。大信非洲艺术博物馆建造的过程中用到的产品尽可能使用可回收或易降解材料，生产符合质量要求，对人体环境无害，后期易于回收利用的或是延长使用时间的产品。在生产过程中，运用科学技术，减少能源消耗，增加资源利用率，减少对环境的污染。绿色供应链则指，每个企业都有自己的进货渠道和出货渠道，要想做到"绿色"，就需要在原料进口上严格把关，选择对环境有担当的企业，同时，减少运货渠道中的能源损耗。创造绿色产品和在绿色中创造，是大信"立信"的价值观和生存底线。大信家居通过建立自己的绿色品牌，吸引无数游客观光浏览非洲艺术博物馆,让人们与世界文明更加亲近,更加熟悉,这是大信作为一个企业对社会的责任担当。

第四节 大信的华彩博物馆和当代艺术博物馆

大信是一家服务制造型企业,就是将服务业与制造业深度融合,并进行创新,全国首批服务型制造示范企业从4千多家企业选出30家企业作为试点,第1名是小米,第30名是海尔,大信拿到了第15名。庞学元讲:"你怎么调研能考虑未来呢?中国工业设计之父柳冠中先生说工业设计是传统的再造,就是往后看多远才能往前看多远。所以我们去建造博物馆,不仅能把散落民间的文物保护起来,同时也能为我们的设计启迪灵感。"

"平等、多元、包容、公益"是大信博物馆群建立的宗旨和意义。大信致力于打造最具影响力的公益性专业博物馆群,包括厨房博物馆、家居博物馆、非洲木雕艺术博物馆、华彩博物馆和当代艺术博物馆,在作为企业专业研究基础的同时,也形成了具有一定影响力的公共文化平台。大信的企业理想是:"心系顾客,用心去做中华民族好子孙",这一理想支撑起来的不仅是对顾客的绝对忠实,也是对国家的绝对忠实。因此,大信董事长庞学元一直致力于收集民间艺术品,建设公益性博物馆面向公众免费开放。

在大信,除了已经建成的厨房博物馆、家具博物馆、非洲木雕博物馆以外,目前大信华彩艺术博物馆和当代艺术博物馆也处于试运营阶段。所谓公益性博物馆,就是不以营利为目的地免费向群众开放场馆,展示自然和人类文化遗产实物的场所,主要以学习、教育、娱乐目的为社会发展提供服务。而大信作为一家家居企业,在考虑如何帮助整个行业乃至整个社会的发展的情况下,持续不断挖掘能够为人类设计提供灵感的历史文物、艺术作品。在向过去探索和学习的过程中,大信家居意识到中华民族是世界上较早懂得使用色彩的民族之一。而中国传统色彩是各个时期的政治、经济、社会生活、民俗风情,以及思想观念和审美情趣的反映,广泛应用在服饰、建筑、艺术等方面。

一、大信华彩博物馆

（一）建造背景与初衷

从原始哲思到精神崇拜，再到生命本源探索和美好生活的历史追求，中华民族创造了五行色彩学说。经千年积淀，形成了中国特有的色值密码和色彩体系，构建了中华民族的色彩基因，底蕴深厚、博大精深。独一无二的政府行为加民众认知的色彩管理运营模式造就了中国历史上强大的色彩能力，通过陶瓷器皿和丝绸等，为全球提供优质产品。为现代设计与传统美学的相融相长，也为让大众更加直观地了解中国传统色彩知识，感受传统色彩之美，大信家居集团全资捐建大信华彩博物馆，对中国历代服饰色彩、五十六个民族传统服饰色彩的产生、特点、应用、文化内涵等方面进行专业梳理与分析，以文物结合文献、染材的形式进行展示，系统、全面地呈现中国传统色彩文化体系。

大信华彩博物馆从五色起源、五色正道、间色之美、五色承传四个方面，将色彩关联的哲思学说、历代文物、植物、矿物协同互动，科学展陈。中国传统色彩运用是中华文明进程具有鲜明特性和独特价值的表象，大信运用历史学、考古学等社会科学的理论和工具创建了一座凸显色彩发展历史成就的专业化博物馆，既是与色彩相关的历史、科技、文化、艺术、收藏等领域的长久夙愿，又是弘扬中华色彩文化的重要举措。将与中国传统色彩知识相关的文物、历史人物、植物、矿物科学展陈和研究，为人类美好生活提供服务是该馆的初心和特色。以文物为主线，结合材料、工艺行为等传统文化之美，梳理5000年中华文明对色彩的哲思、历史脉络、自然禀赋和精神内涵，寻找中华色彩的有源之水，并搭建传统色彩基础研究的公共平台，进而突破历史坐标限定，服务现在和更好的未来是该馆的意义所在。

（二）馆藏品介绍

1. 大信华彩博物馆之五色起源

甲骨文是指刻在龟甲和兽骨上的文字，也是目前中国公认现存最古老而自成体系的文字。因此，从甲骨文探寻"色彩中国"之脉络，实属

第五章 大信家居的家国情怀：大信博物馆聚落

必要。进入大信华彩博物馆映入眼帘的便是对甲骨文"色""彩""中""国"的解析，通过对其的释义高度概括了中华色彩的起源、涵义及特定意义，也为游客理解华彩博物馆提供了完美的注脚。

图 5-6　大信华彩博物馆实景（大信家居供图）

《尚书·洪范》被认为是最早五行学说的正式文本："五行：一曰水，二曰火，三曰木，四曰金，五曰土。水曰润下，火曰炎上，木曰曲直，金曰从革，土爰稼穑。"初唐著名学者孔颖达疏《洪范》时曰："五行，水火金木土也""洪，大。范，法也。言天地之大法。"中国传统色彩观与"五行学说"思想有着密切的关系。在古人长久与周围各种自然事物接触，并通过"类"这一思维方式加以思考和总结的过程中，试图将日常生活中存在的各种事物总结成与"五"有关的抽象概括，这便产生了最初自然物质意义上的"五行"。因此，对于五行与色彩之间的关系介绍，也陈列在了该馆入口，以便游客更好的理解中国色彩的起源。

仰韶文化的发现，标志着中国现代考古学的诞生。仰韶文化最主要的特征之一是绚丽的彩陶，从某种意义上，也可视其为是中国现代色彩考古学的发端。该馆还展示了河南武陟出土的距今约 7000～5000 年仰韶文化时期的仰韶彩陶曲腹盆和河南三门峡出土的仰韶彩陶片，从中可窥见早期色彩运用的古朴纯真和神秘雅致。

随着生产力的发展，人们对世界的认知也发生了巨变，到了汉代，人们可较为从容的从矿物质、植物及动物中获取颜料。与西方不同的是，

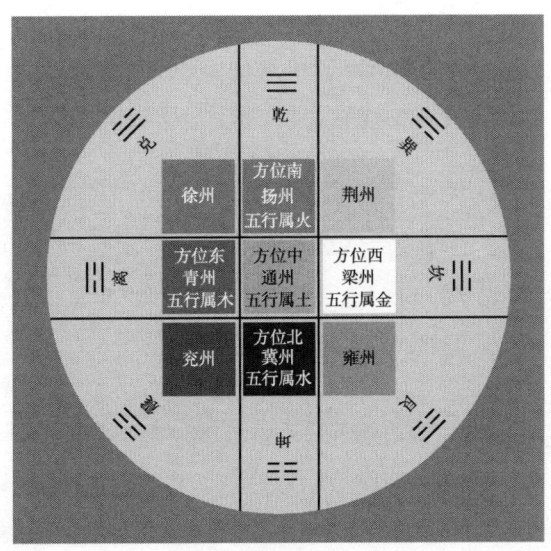

图 5-7 五行与色彩

中华文明认为：不是"上帝造物"，而是"先天地，后阴阳，再五行，后生万物，若彰其色，色者，青赤黄白黑也"。

2. 大信华彩博物馆之五色正道

阴阳五行学说在汉代全面发展，直接推动和发展了中国传统的五行色彩学，与五行中的金、木、水、火、土相对应的是白色、青色、黑色、赤色、黄色。赤色、黄色、青色通合现代色彩科学红、黄、蓝三元色，三元色可调配生出万色，造无极色相；黑、白二色融合三原色，可定义色的纯度和明度。自此，中国五行色彩哲学思维在现代色彩三要素中科学的获得实证，实现了从远古到当代、从精神到物质、从意识到实践的科学统一，正当永续，文化光明。

(1) 正色黑之元黑陶人物车马俑

黑，五正色之一，五行属水，方位属正北之色，五时属冬天。社会学、色彩学界普遍认为，黑、白是人类最早认识的两种颜色，因为二者处于色阶的两极，既对比最为强烈，又最容易被视觉所辨识。在中国色彩历史上，黑色也是单色崇拜中最为长久颜色之一。与黑色的漫长厮守中，古人也赋予了它多种多样的文字表现含义。其不仅是大自然色彩的基本色调，也同白色一道"万物负阴抱阳"——以黑指"坤"，成为影响中华文化千百年的重要哲学色彩。

馆内陈示的这套元朝黑陶人物车马俑所呈现的黑色，是以独特的无釉无彩碳化窑变工艺烧制而成，其内外透黑，闪闪发亮，是"封窑熏烟渗碳"烧制所形成的独特色彩。中国烧制黑陶的历史可以追溯到距今约5000~4000年的龙山文化，元朝是中国黑陶历史上最后一个高峰。蒙古人有深埋薄葬习俗，再加上当时纸制冥器已经相当普遍，作为冥器的陶俑就很少出现在元人墓葬中了。这套元朝黑陶人物车马俑，气宇轩昂，蒙古族特色浓重，技法精湛，器物完整，属存世稀有的珍品。

图5-8 元黑陶人物车马俑（大信家居供图）

（2）正色白之唐白陶镇墓兽

白，五正色之一，五行属金，方位属正西之色，五时属秋天。3000多年前，甲骨文中记载，商朝有以白牛、白马、白羊、白鹿祭祀。白色在商朝的崇尚和重要地位，这也为后世以白色指代祭典、丧事之意产生了深远影响。"见素抱朴""事死如事生"，中国人把"丧事"也叫作"白事"。

图5-9 唐白陶镇墓兽

西汉《淮南子》曰："色者，白立而五色成矣"，以白色作底色于陶器、瓷器之上，再饰彩绘，进而发展成为全球风靡的青花和粉彩瓷器，是中国人创造的世界陶瓷史上的奇迹。这无疑是五行色彩学哲思之下，中国人技术上不懈追求所创造的文化胜利。古人认为，镇墓兽能驱逐地下邪魅保护逝者安全。此组唐白陶镇墓兽造型独特，神秘威严，且以白为底色，饰以红彩云纹，是墓葬礼俗白事的具体体现，也实证了白色在器物上的有效运用。

（3）正色黄之汉彩绘陶钫

黄，五正色之一，五行属土，方位属正中之色，五时属季夏。中国传统颜色中的黄色接近于现代稍带红色调的黄色，古人形容黄色如同蒸熟的板栗或蟹腹之色。古人认为黄色代表土地之色，可谓华夏文明之源，可见华夏与灿烂文明、农耕文化的发展有密不可分的关系。

中国人号称炎黄子孙，炎帝尚赤，黄帝尚黄。古代中央集权以黄色作为专用色，不同于世界其他地区或民族在历史上多崇尚赤色，中国古代崇尚黄色的独特尚色观念，显然是与中国国家的形成、土壤表象、农耕文化，乃至华夏子孙的肤色休戚相关的。因此，自古以来，黄色象征

图 5-10　汉彩绘陶钫（大信家居供图）

着尊贵、神圣、辉煌、希望、光明,"黄"与"皇"谐音,同时也与"中""王"有着共同的内涵。

此组汉代彩绘陶钫,方口、束颈、鼓腹,圈足呈方形,带盖,盖上有云气纹。腹部两侧贴塑对称的兽面衔环铺首,颈部绘三角纹,腹部用黄、白、红彩绘云气饕餮纹图案,黄色突出明显,为五正色之一。

(4) 正色赤之汉唐彩绘陶器

赤,五正色之一,五行属火,方位属正南之色,五时属夏天。古代的赤色相当于现代色相中的大红。赤色代表太阳、火焰、血液和心脏等,是中华先民最早膜拜的精神图腾颜色。赤色在我国传统文化中具有吉祥、喜庆、热情、牺牲等多重涵义。赤色的发展贯穿了整部华夏文明史,并渗透到了各个层面和领域,堪称中华文化的最深厚底色。

汉唐彩绘陶器是那个时代的人们以泥土为坯胎,经入窑烧制后,再敷设一层粉彩的器物。主要有各种饮食、贮藏等容器,神灵、人俑、动物、其他生活用具,以及专为随葬而制作的冥器,等等,其用色直接,千年不朽,较为直观地反映当时人们生活和用色的方方面面。

由于器物彩绘多不与胎体相融,水浸或稍摩擦便会脱落,这里展示的汉灰陶彩绘陶碗、汉灰陶彩绘食案、汉红陶彩绘圆食盒、汉灰陶彩绘耳杯、汉灰陶彩绘圆盘、汉灰陶彩绘陶罐、唐红陶彩绘镇墓兽等器物是时隔一两千年,色彩依然保存良好的珍品,十分珍贵。

(5) 正色青之清青花瓷

青,五正色之一,五行属木,方位属正东之色,五时属春天。夏朝尚青,河南二里头遗址出土的绿松石龙形器、绿松石龙和镶嵌绿松石牌饰,均以绿松石中近青色的上等石料制成。

元明清三代,青花瓷被推崇,其颜料是用含氧化钴的钴矿石原料制成。烧制青花瓷时,人们首先在坯体上用钴料描绘纹饰,再罩上一层透明釉,经高温一次烧成,钴料烧成后呈蓝色,其中上乘颜料是来自波斯的苏麻离青,中国人亲切地称它为"苏料"。

青花名列江西景德镇四大名瓷之首,风靡世界。馆藏清青花瓷梅瓶、清青花瓷盖碗、清青花瓷罐、清青瓷香炉等文物,展示了中国古代瓷器中青色的实际使用。其多有梅花、莲花、牡丹、喜鹊等传统纹饰,寓意幸福吉祥，色彩涵盖了现代光谱原理中青、绿、蓝等诸多颜色，恬淡雅致、清新幽菁、明快悦目。

图 5-11　清青花瓷（大信家居供图）

3. 大信华彩博物馆之间色之美

所谓间色，是两种正色混合而成的色相。中国传统的五间色指绿、红、缥（碧）、流黄、紫五色，即：青融合黄而生绿，赤融合白而生红，青融合白而生缥，黄融合黑而生流黄，黑融合赤而生紫。五间色后无色定，其实它是"一生二，二生三，三生万物"的继续，是天人合一哲学思想的实证。作为中国色彩系统架构中的基本要素之一，间色是正色对现实生活的哲学让度，是中国传统色彩系统成立必备的条件和基础，它使中国五行色彩学更加博大精深，且兼容并蓄，正当科学，光明无限。

（1）间色绿之汉绿釉陶望楼

间色绿由正色青色、黄色合成。它与自然界的颜色关系极为密切，如树叶和草叶的颜色、石绿之类矿物的颜色。绿色代表清新、自然、环保、宁静、平静、舒适、安全、和平、希望、成长、生命、生机和青春。

汉绿釉陶望楼，通高133cm，边长43cm，山西临汾出土。陶瓷历史悠久，是影响至今规模庞大的工业产品。东汉发明创烧的绿釉，有翡翠般的绿彩，它上承商周瓷器的施釉技术，下启唐宋明三彩器的瑰丽风采，是中国古代低温铅釉技术发展的硕果，在色彩史中具有独特地位，对中国建筑陶瓷影响深远。这件绿铅釉陶望楼是汉绿的代表和难得的精品。

图 5-12 汉绿釉陶望楼（大信家居供图）

（2）间色红之汉彩绘陶奁

古代间色的红是当今人认知的"桃红"，面如仙桃，白里透红。又如，面如桃花，红中透白，用来比喻少女的面庞。赤融合白而生红，周代和汉代的文献都有表述。赤色指正色，真红、大红；红色指间色，是䋂。周代用赤色染料染色，染一遍形成的颜色为䋂，䋂就是红色，染三遍才成为赤色。

这件河南洛阳出土的汉代彩绘陶奁，三足无盖，绘有精美的白、黑、赤、云纹图案，这里的"赤"实为"红"，即"桃红"。奁是汉代盛放食物或化妆品器物。这里展示的汉彩绘陶奁，用色独特，造型典雅，想必应与"佳人"有关。馆藏汉灰陶彩绘罐、唐红陶镇墓兽、隋灰陶彩陶俑、清洪宪款粉彩帽筒也都是古代红色运用的典型器物。

图 5-13 汉彩绘陶奁

(3) 间色紫之汉彩绘圆陶盒

五间色的紫是由正色的黑与赤融合而成,为暗红色,"紫"的同义词为"緅"。早期紫色是由红黑两种颜料调制而出,而红色代表阳、火、南方,黑色代表阴、水、北方,而作为红黑两色结合的紫色乃是阴阳调和、水火相济、南北统一的象征,加之中国人尚赤,紫色在历朝曾拥有相当之高的地位。

出土于河南洛阳的汉代卷云纹彩绘陶盒,历经2000多年的沧桑,依然色彩艳丽,楚楚动人,特别是陶盒卷云纹上的"紫"让人过目不忘。在公元前,人们从矿物质和植物当中直接获得如此之"紫"的色彩,在世界范围几乎是不可能的,故此,它引起了世界的关注。

中国文化遗产研究院、瑞士苏黎世大学和瑞士联邦高等理工大学三方以"中国古代人造硅酸铜钡颜料研究"为课题,确定此类颜料为中国古代人工制备的一类硅酸铜钡无机颜料,将其命名为"汉紫"(Han purple),后又称"中国紫"。相应展出的汉灰陶彩绘鼎、汉灰陶彩绘盘口瓶、汉灰陶彩绘塔式罐、汉灰陶彩绘食盒表面之紫色亦是可贵。

(4) 间色缥之清天青釉钧瓷

缥为淡青色,也称"碧"。缥、碧都由青色和白色组成。战国时期公孙龙用五行相克理论对碧色的形成加以分析。缥多用来形容玉石的颜色,碧多形容丝绸的颜色。缥色对中国陶瓷影响深远。以人为本,服务生活的绚丽多彩,是间色的特别之美,在同柜展出的清豆青釉底加彩花盆上也得到了生动体现。

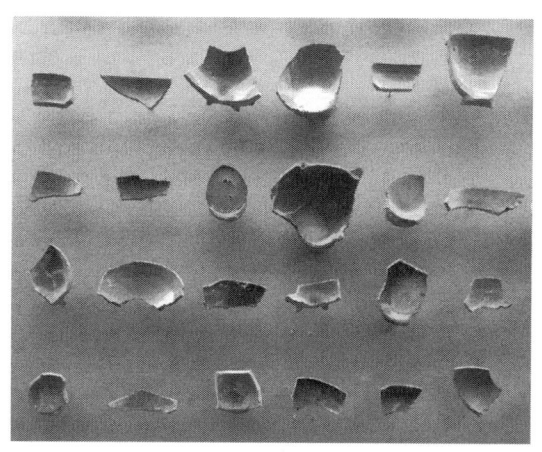

图 5-14　清天青釉钧瓷(大信家居供图)

汝窑颜色以缥色(天青色)为主,是宋徽宗时期"五大名窑"之首,有着"青如天、面如玉、蝉翼纹、晨星稀"的赞誉。北宋技艺高超的制瓷工人通过微妙的原料配方以及烧制温度变化打造出这一具有天青之色的旷世佳品,这里仅以图片的方式进行展示。

(5)间色流黄之明琉璃佛造像

流黄是带黑的黄色,介于现代土黄色或者更加偏黯淡一些的黄色。该处显示的明流黄色釉琉璃佛造像,来自一位爱国老人的捐赠。该佛像是1938年6月5日,侵华日军以开封铁塔为目标,炮击佛塔后战争瓦砾中的残存。老人讲:"日本兵对着铁塔连开三炮,铁塔不倒,鬼子怵了,没敢再打,事情过后,掉到地上的烂砖中,佛被打的只剩个头了,我收了起来留个记忆。"这尊佛像是明代皇家修缮铁塔时48尊造像之一。老人将佛像捐赠大信家居创始人庞学元夫妇时说:"咱不管干啥都得多努力,不能让日本人再欺负咱。"

开封铁塔,中国十大名塔之一,始建于北宋皇祐元年(公元1049年),塔高55.88米,遍体通彻褐色琉璃砖,混似铁铸,俗称"铁塔"。1952年,毛泽东主席到开封视察,在他的亲自关怀下,铁塔修复。

图 5-15 明琉璃佛造像（大信家居供图）

4. 大信华彩博物馆之五色承传

唐代彩绘陶骆驼、唐代镇墓兽等都是丝绸之路的物证。倘若没有中国五行色彩学的支撑，有一个必然，就是，这一切决无可能。以精细农耕文明为主导的定居生活，使华夏民族对色彩的认知深刻充分，目标明确，过程从容。自西周以来，对色彩的管理三千年不断，铸造的技术能力，成就了中国丝绸和瓷器畅销世界经久不衰的历程，同时促进了丝绸之路的形成。

中华民族大家庭在同一五行色彩理论体系下，五十六个民族五正色、五间色色值相同，色彩构成各异，从而形成"各美其美，美美大同"的中华风采。从哲思到运用，中国的五行色彩体系承传历史可以概括为：全民认同、脉络明晰、理论一统、成就辉煌。

（三）大信华彩博物馆的社会意义

1. 大信华彩博物馆之服务精神

值得一提的是，在 2020 年初爆发的新冠肺炎疫情影响下，群众性的聚集活动是国家不予提倡的，为响应国家号召，也为了群众的卫生安全，大信推出了线上云参观博物馆的模式，热情邀请群众云参观博物馆。"足不出户云看展，安安心心赏文物"，观光者只需要扫取大信提供的二维码,便可以进入 3D 全景模拟博物馆,画面所展示场景与现实别无差距,并且可以任意选择你想去的场景。同时伴随的是真人音频的全程讲解,包括场馆建设背景、各类文物的介绍等,屏幕自动旋转并设有 VR 模式,如果配有 VR 眼镜,就完全实现了足不出户云看展。

这一模式无疑是受新冠肺炎疫情影响下的全民线上活动的启发,然而对这一模式的探索成果并不仅仅适用于疫情期间。目前在建的两个博物馆的展览也将不再单一运用线下展览,而是采用线上线下结合的模式。即运用 3D 全景取景,在线即可展示场馆所有细节以及各种藏品背后的故事。这又成为大信家居一种紧跟时代的社会服务模式。

单从博物馆对社会与公众的意义上讲,包括试运营的华彩博物馆和当代艺术博物馆在内的全部 5 个场馆,都是帮助社会与公众回顾过去、探索未来的一种有效方式。博物馆的展品,是大家触摸历史、探索历史、学习历史的第一手资料,这种独一无二的学习机会与学习资源是对全民教育不可替代的贡献。当然最重要的是大信所建设的博物馆都是立足于本行业,向历史探索艺术之美,寻找艺术启迪,这也为本行业的发展作出巨大贡献。除此之外,线上线下结合实现了资源的合理配置。博物馆是固定不变的,文物也是无法带走的。如果按照传统模式,观光者必须来到实地参观,那么人流造成的各种资源占用、垃圾的产生等也大大增加,同时实地参观也会受到地理位置、自然天气等多方面的限制。这样一来许多藏品背后的价值便无法被挖掘和探索,一定程度上也限制了艺术的发展。线上线下两种模式的结合,无疑已经超过了大信作为一个家居企业所应承受的服务范围,但大信依旧选择无偿开放场馆并不断探索新模式更好的照顾到所有群众,这种社会服务精神是每个企业都应该学习的。

2. 大信华彩博物馆之中国红

生死是人的终极提问,中国把生死叫作红白喜事,用红色和白色来描绘这两件事情,而欧洲跟死亡相连的是黑色,我们跟死亡相连的是白色,他们结婚时用白色,而中国结婚时用红色。那么差别的原因是什么呢?和企业的管理学又有什么关系呢?中华文明 5000 年延绵不断,世界唯一，是基于她的内在基因。华夏历史上，最早使用的颜色是土红、黑、白和赭石色，而红色作为血一样的生命本源注入了华夏民族立命生存的"中国心"。中国红氤氲着彪悍豁达的秦汉气息，延续着盛世气派的唐宋遗风，沿袭着灿烂辉煌的魏晋脉络，流转着独领风骚的元明清神韵，以其丰富的文化内涵，高度概括着龙的传人生生不息的历史进程。中国红的色彩文化已经深深地嵌入了华夏儿女的灵魂中，是华夏子孙的文化图腾和精神皈依，也是全球公认的中国国色。中国红是生命、忠诚，是勇敢、自豪，是幸福、喜庆，是热烈、希望，是无限的和谐与美好！

二、大信当代艺术博物馆

同样处于试运营阶段的大信当代艺术博物馆，展厅面积约 3500 平方米，由著名艺术家、收藏家、艺术评论家朱炜先生担任馆长。设计源于生活，而艺术是生活的高级表现。秉承着"依托企业、服务企业、服务社会"的理念，大信家居集团筹建大信当代艺术馆博物馆，启发思想，助力工业设计和大众美育。

纵观世界文明，几代人的努力将体现在文化及文明的记录中，在这些记录当中，文学、绘画、音乐更是文明传承的主体，大信当代艺术博物馆希望从当代绘画的一个小小的范畴做力所能及的努力，为记录这一个时代，更为服务当代的人民群众。

图 5-16　大信当代艺术博物馆实景（大信家居供图）

第五章　大信家居的家国情怀：大信博物馆聚落

第五节　本章后记

　　非洲艺术博物馆可以启迪人的思想；中国厨房博物馆和家居博物馆更像是进行科学研究的实验室，在里面可以研究中国人的饮食文化和生活方式；华彩博物馆则是从哲学角度研究人的思维方式和色彩感知，中国人讲阴阳、讲五行、讲色彩，这是大信一直在研究的文化基因。当代艺术博物馆则主要是解放艺术思想。五大博物馆构成的博物馆聚落不仅保护了许多珍贵的历史文物，也为后代研习传统文化、启迪现代灵感设计提供了脉络和素材。

　　现阶段构建和谐社会的一个重要任务是要大力发展社会事业，教育、医疗卫生、社会保障等事业的发展直接关系人民的切身利益，也直接决定着社会安定与否，和谐与否。很多地方在发展社会事业上投资不足或无力投资，这就需要调动一切可以调动的资本。大信充分发挥资本优势，为发展社会事业，为成为一个好的企业公民而对外捐助。支援社区教育、支持健康、人文关怀、文化与艺术、城市建设等项目的发展，帮助社区改善公共环境，自愿为社区工作。

　　值得一提的是，在2020年初爆发的新冠肺炎疫情影响下，群众性的聚集活动是国家不予提倡的。为响应国家号召，也为了群众的卫生安全，大信紧跟时代潮流，推出了线上云参观博物馆的模式。大信热情邀请群众云参观目前已经建成的三个博物馆。"足不出户云看展，安安心心赏文物"，观光者只需要扫取大信提供的二维码，便可以进入3D全景模拟博物馆。画面所展示场景与现实别无差距，并且可以任意选择你想去的场景。同时伴随的是真人音频的全程讲解，包括场馆建设背景、各类文物的介绍等。屏幕自动旋转并设有VR模式，如果配有VR眼镜，就完全实现了足不出户云看展。这一模式无疑是受以疫情为背景的全民线上活动的启发。然而对这一模式的探索成果并不仅仅适用于疫情期间，未来都可以采用线上线下结合的模式，即运用3D全景取景，在线即可展示场馆所有细节以及各种藏品背后的故事。这，又成为大信家居对于社会的一种紧跟时代的服务模式。

  2020年5月份采访庞理，为什么要建造非洲木雕艺术博物馆，庞理说"第一个，最简单直观的就是我们可以从当中找到设计元素。因为其实非洲艺术很现代，其实人的审美也好，文化积累也好，都是螺旋上升的，你在当中可以直接提取很多的产品元素。第二个呢，还有一个更深层次的原因，就是我们建立非洲艺术博物馆有利于企业品牌建设，如果你看很多欧洲的奢侈品，它是有自己品牌博物馆的。这种博物馆展什么？收藏什么？收藏他们的经典设计，还收藏很多重要的艺术品。他们所有的设计师包括他们外聘的也好，自己培养也好，都是要在这里面经过熏陶的，他会培养出来一个设计的理念和思路。相当于一种设计文化一样，这种深层次的东西就是为什么我们说不要浮躁，很多企业的产品设计，我请个老外直接来吧，或者我花多少钱买个设计吧。当然这种方法是没有问题的，但是为什么国家强调要有积淀，既然要提新积淀，要提讲好中国故事，就是当企业经济实力发展到一定程度之后，就要注意企业软实力的提升。"

  在博物馆聚落中，大信还建造了体验馆，大信建造体验馆主要是因为文物都是被保护起来的，而参访者很难触摸得到，这样就降低或减少了对古代文化的更深层次的了解。所以为了能让参访者触摸到这些古代文物，尤其是作为中小学生的教育基地，为了更进一步讲好中国的文化和故事，大信又打造了体验馆，这些仿制品可以让消费者或学生打开体验，了解古人的智慧。大信博物馆的李馆长讲，一次有一批盲人来参观博物馆，因为有了体验馆，这些盲人可以触摸到这些仿真藏品，他们激动地流下了眼泪，说他们第一次触摸到历史，因为之前去参观博物馆都只能听讲解，从来看不到，也不知道藏品是什么样，而这次体验让他们感觉自己对古代文物和历史有了更深的认识。

第六章
大信家居的绿色发展与社会责任

> 许多公司也会问：我的品牌和组织如何建立信任？我的公司的目标是什么？我有更高的目标吗？你知道客户关心你公司的哪些问题吗？他们不仅仅是购买你的产品和服务，还在为他们所欣赏和认同的理念和价值观买单。
>
> ——菲利普·科特勒（美国现代营销学之父）

第一节 绿色制造

一、树立绿色理念

对于实行绿色营销的企业，绿色理念可谓是指导性的思想，是一种战略性的观念，没有绿色理念的指导，绿色营销的实施就无从说起。

大信家居在创立的初期，庞学元就把"绿色发展，普惠人类"作为大信家居的生存理念。在其品牌宣言中就表示，要给顾客奉献优品优价、经久耐用、环保放心的绿色产品。企业设计驱动是为领先世界的中国方案不懈努力。家居产品要实现价格普惠、品质优异、环保放心、为我而生，这是千百年来家居消费者不变的需求。无论农业时代手工业的定制家居，还是工业时代流水线的成品家居，都无法全部实现消费者的心愿。现实是定制，则必然高价，曲高和寡，市场贫瘠，企业难活；成品，则牺牲需求，顾客不悦，取舍赌命，风险永存，究其根本，对于家居消费者而言，其支付能力不可能随定制家居成本的提升而提升，其需求也不甘愿为成品家居在需求上的委曲求全而妥协。于是，高价定制或平价成品所带来的家居业现实就是企业千方百计控制产品成本，但顾客满意难求。物联网时代为解决这一难题提供了可能，大信坚信，创新科技的终极目的是：绿色发展，普惠人类。解决这一顽疾的根本路径是物联网时代工业化与信息化的融合。大信家居1999年投身家居行业，从定制橱柜入手，先易后难发展到大规模个性化全屋家居定制。经过无数次的挫折和失败，可以确认，大信找到了解决"绿色发展，普惠人类"这一问题的钥匙。

在大信博物馆园区墙上写着这样一句话：凤凰是设计师精神的图腾。以平庸为敌：设计师以创造为灵魂，她是人类与世界的工程师，她的存在天然是为改变落后和平庸，她以更新、更美、更好为目标让人类与世界同步。为美好涅槃：设计师为人类美好生活而存在，她不断创造的过程就是为美好涅槃的过程，每一次的涅槃都为更新、更美，更好而重生。让设计永生：人与地球和谐发展是人类存在的终极提问，设计师用作回答成为文明发展的向导，设计让人类美好生活变得更有意义，设计是人区别于其他生物的高级标志。

在大信企业内部，我们也看到了许许多多的小细节，这些小细节都充满了绿色营销的理念。在大信的早期工厂建设中，就考虑到了成本的节约问题，工厂内是没有选择种植树木的，这样就不用去清扫树木的落叶，节约了打扫树叶的清洁工作。厂房没有绿化可能对企业影响不大，但是对于刚刚建成的企业，一点点成本和资源的节约很重要，如何尽可能节省成本让企业根基稳固才是最为重要的问题。

从这些"细节"中，到处都可以看到节约成本，节约资源的理念所在。绿色营销理念的含义并不是只有产品的绿色环保，对环境无污染，对于资源的节约同样也是绿色的一种展现方式。在大信家居，从董事长到基层员工，每个人都用自己的行动来贯彻公司的绿色营销理念。其中大信家居在德国获得红点奖的作品就是公司的一个员工设计的，他的设计灵感来源于生活，充分利用了橱柜拐角处每一丝空间。既把绿色理念融入了生活中，又融入自己的设计理念中。

二、设计绿色产品

大信家居作为一家制造和销售一体的企业,绿色营销最直接的体现就是制造的商品是否能够达到绿色标准,是否环保,是否能够充分利用资源。大信家居作为家居行业,所使用的原材料就是树木,所以资源的利用对于大信的绿色营销来说就更为重要。于是在此"要求"下,大信不断改善其生产工艺,利用大数据分析规划每一块木材的使用。大信成功将板材利用率提高到94%以上,而家居行业传统板材利用率只有70%。如此对比下来,大信在资源节约方面做的可谓是出类拔萃。

不仅如此,大信还利用颗粒板代替实木板,将打碎后的纤维颗粒用胶水进行黏合,这样既保留了天然木材的本质,也会使颗粒组成的木材形成一个独特的网状结构,使得各方面受力更加稳定,不存在间隙受力,也就更加不易折断,在强度上要高于普通的杉木、松木、杨木的实木结构。与真正的实木板材相比,板面宽、平整,不会开裂,保温隔音,更加适合作为家居材料。而且实木颗粒板在进行加工的时候使用胶水少,板材也是十分环保的。这种实木颗粒板不仅对橱柜的质量可以大幅度提升,而且对于木板的利用率也可以得到一个大幅度的提升。

对于木制家居用品,大部分消费者担心的就是木材在加工时添加的胶水和家具表面油漆挥发的甲醛问题。往往有一些商家为了牟取利益,采用不合标准的胶水和油漆,导致消费者在购买产品后要花费大半年的时间让甲醛挥发才不至于对身体有害。但大信家居所采用的胶水天然环保,甚至达到了可食用的级别。

三、制定绿色价格

由于质量方面和环保方面的要求,绿色产品在研发成本和制作成本方面要远远高于普通的产品,绿色商品的定价对于企业来说一直是一个难题,如果定价过高,消费者不买单,企业就无法经营下去;如果定价过低,高额的成本压力也会导致企业入不敷出。所以大部分市场监管机构都会允许绿色商品的价格相对于普通产品价格可以有一定的上浮的比例。

四、打造绿色生产方式

随着技术的进步，企业的生产方式也在不断地改变以适应新的市场环境。大信的"梦模块"其实就是一种企业自己特有的模块化定制，所谓模块化设计，是在对一定使用范围内的不同功能或相同功能不同性能、不同规格的产品进行功能分析的基础上，划分并设计出一系列功能模块，通过模块的选择和组合来构成不同的产品，以满足市场的不同需求的设计方法。模块化设计的主要目的就是以尽量少的种类和数量的模块组成尽可能多种类、规格、性能、功能不同的产品，其优点一是让用户可以通过不同模块的搭配得到自己需要的产品，满足个性化的需求；二是通过数据的精准计算和组合，可以更加高效地利用企业资源。

与其他行业的模块化设计相比，家居行业的设计难度更加大一些，因为家居的风格多种多样，每个人对家居功能的要求也不同，这就导致了家居设计的难点，而把不同的家具细分为更小的功能模块更是一项巨大工程。在我们访谈的过程中，庞学元曾把这些模块比做成汉字的偏旁部首，而成品就是一个完整的汉字，根据客户的需要把这些"偏旁部首"组合成不同的"汉字"。

大规模的批量生产对于企业来说虽然较为简单，但是生产出来的产品形式、功能等较为统一，部分商品（例如，汽车、空调等）采用大规模批量生产可以适应不同的消费者，但是家居行业却无法采取同样的方法进行批量生产。对于不同的消费者而言，房屋构造大相径庭，而且每个人喜欢的风格也都迥异，不能一概而论。家居的设计也需要跟随消费者的爱好不同进行更改，这就要求家居行业不得不采用定制化生产来满足不同消费者的需求。除了适应性较强，定制化生产还能够很好地避免库存的堆积从而节约大量的企业资源，消费者需要什么，企业制造什么。生产和需求一一对应，从而更好地实现"零库存"的目标，大大节约了企业的资源。

第二节 绿色营销

一、绿色营销的概念与特征

（一）绿色营销概念

"绿色营销"理论的萌芽阶段开始于20世纪60年代末至70年代初，到如今已经有一段的发展历程，绿色营销理论也日渐趋向成熟。目前对于绿色营销的概念仍然没有统一，但其中以英国威尔斯大学肯·毕提（Ken Peattie）教授对绿色营销的定义影响最为深远，他在《绿色营销——化危机为商机的经营趋势》一书中将其定义为"一种能辨识、预期及符合消费的社会需求，并且可带来利润永续经营的管理过程。"

除此之外，我国也有众多学者对"绿色营销"进行深入的研究。但和国外学者的研究一样，没能形成一个较为统一的结论，仍然处于一个"百花齐放"的阶段。其中我国学者杨智（2009）认为绿色营销是企业在进行市场开发，盈利和谋求发展时的一种新型营销手段，而这种营销方式不仅要以满足消费者的需求为出发点，还需要顾及对社会的影响和环境的保护，并将此作为企业文化和宗旨，减少企业活动中对于地球生态环境的破坏。而孙腾、李琛琛（2012）则主张企业应该合理规划资源的利用，提高材料转化率，避免造成资源枯竭的不可逆。同时也需要为顾客创造出绿色、环保、安全的产品，从而培养消费者的环保意识和消费主张。提倡"以企业带头"的绿色营销发展，从而形成企业、消费者和自然资源三者可持续发展和共赢的局面。孙钱（2013）则指出绿色营销是企业有规划有目的发开市场产品价值，以可持续发展为目标，实现经济利益、消费者需求和环境利益相统一的管理手段。

关于"绿色营销"的研究每位学者都出于不同的目的和方向，所以对"绿色营销"的定义侧重点就不尽相同。但是综合来看以往学者对"绿色营销"的定义，也有许多相似之处：他们更加强调企业的社会责任和在经营活动中对环境所造成的影响,对资源的规划和利用,不再是单纯以企业盈利为目的,而是把企业和消费者、环境看作一个共同体,并以共同体的长久发展为目标的一系列营销措施。

(二) 绿色营销的特征

1. 以环境保护为宗旨

绿色营销始于 20 世纪 60 年代,是传统营销方式的发展和延伸,也是环境保护运动的结果。当时西方国家处于快速发展时期,企业也只着眼于如何盈利和更快地发展,却忽略了对于自然环境和资源的保护。于是,为了保证经济发展和环境保护的统一、和谐共生,绿色营销理论被提出,它对环境效益的提高主要表现如下:

目前,随着经济的快速发展,人们的生活水平提高的同时,需求也不断扩大。人们在不断创造财富和奇迹的同时,也面临着重大的生态灾难,水土流失、山洪海啸、森林减少、物种灭绝等,越来越多的灾难不断上演。环境保护问题也成为人们不可避免的一个话题,于是不少人开始呼吁保护环境,开始关注人类种种活动对环境的影响。为了适应发展,不少企业开始实施绿色影响、设计和生产绿色产品供人们日常生活使用,从而替代那些对环境有害的产品。这些活动不仅与大的环保潮流相统一,还能在一定程度上教育消费者,培养消费者的消费主张,对于环境保护是十分有利的。

除此之外,绿色营销的发展还需要不少尖端科技的研究,需要不断地突破现有技术,对现有产品进行升级改造。例如充电汽车代替燃油汽车对于能源的利用便是一个重大的突破。

2. 与绿色发展密切相关

20 世纪 70 年代,随着人们对自然的无节制开发,一些环境问题也不断浮出水面,资源的稀缺,可使用水资源的不断减少,物种多样性也在不断下降,白色污染随处可见,海洋垃圾也几乎望不到边。为了重新审视环境问题,思考人类未来发展,联合国先后出台《海洋公约》《生物多样性公约》《哥本哈根协议》等一系列保护环境的法律条文。为响应可持续发展的号召,我国将"低碳经济"列为"十二五"规划中的重中之重,党的十七大进一步将建设生态文明作为实现全面建设小康社会奋斗目标的新要求,党的十九大报告中的"五位一体"更是将生态文明建设提高到了前所未有的高度。[1]

绿色经济发展是基于可持续发展思想产生的新型经济发展理念,和可持续发展思想一样致力全人类的幸福。绿色经济理论要求所有经济来源都应该是"绿色"的,都应该是在不危害环境的前提下所产生的经济,同时也鼓励各个行业力图创新,不仅达到不危害环境的要求,还要尽可能合理高效地运用有限的资源,毕竟资源的节约对环境也是一种保护。而"绿色文化发展"则是呼吁大家加强绿色环保的观念,从行为规范和思想方式上重新思考,最终构成人与环境和谐共处,共生共荣的美好画卷。

纵向看来,从上个世纪国家就注意到环境保护和资源分配问题,在能满足我们这一代人的同时也要思考后代的生存环境。对于企业来说,在国家如此政策方向下,绿色营销也必将是未来发展的大趋势所在。

3. 具有外部经济性

所谓外部经济性又叫经济活动外部性,是一个重要的经济学概念,指在社会经济活动中,一个经济主体(国家、企业或个人)的行为直接影响到另一个相应的经济主体,却没有给予相应支付或得到相应补偿,就出现了外部性。换句话说,若社会边际收益/成本小于私人边际收益/成本时,个人的行为会对其他人的行为和决策带来负面的影响,若社会边际收益/成本大于私人边际收益/成本时,个人的行为对他人的行为和决策会带来正面的影响,市场价格机制运行将偏离最优状态。[2]在以往的营销活动中,由于只顾眼前可见的利益,忽略了对环境和社会的影响,从而造成了外部不经济的现象。而绿色营销的实施则不同于传统营销方式,他在满足消费者需求的同时,更加注重产品的安全性和品质,以及对于环境的保护,从而对社会贡献更多的收益。企业创造了绿色市场环境,不仅能为自身带来利益,还会为同行业甚至是跨行业的企业带来更多的收益。对于消费者来说,这样的收益又被再次的扩大,从而获得更多的利益。所以，这些都是绿色营销相对于传统营销而言的外部经济性。

4. 绿色营销具有综合性

绿色营销虽然从传统营销中来，但是却又综合了市场营销、生态营销、社会营销和大市场营销观念的内容。市场营销观念的重点是满足消费的需求，一切为了顾客需求是企业制定工作目标的最高准则；生态营销观念要求企业把市场要求和自身资源条件有机结合，发展也要与周围自然的、社会的、经济的环境相协调；社会营销要求企业不仅要根据自身资源条件满足消费者需求，还要符合消费者及整个社会目前需要及长远需要，倡导符合社会长远利益，促进人类社会自身发展；大市场营销，是在传统的市场营销四要素（即产品、价格、渠道、促销）基础上加上权力与公共关系，使企业能成功地进入特定市场，在策略上必须协调地施用经济、心理、政治和公共关系等手段，以取得外国或地方有关方面的合作和支持。而绿色营销观念是多种营销观念的综合，它要求企业在满足顾客需要和保护生态环境的前提下取得利润，把三方利益协调起来，实现可持续发展。

（三）绿色营销理论

1. 循环经济理论

"循环经济"一词是美国经济学家波尔丁在20世纪60年代提出生态经济时谈到的。波尔丁受当时发射的宇宙飞船的启发来分析地球经济的发展，他认为飞船是一个孤立无援、与世隔绝的独立系统，靠不断消耗自身资源存在，最终它将因资源耗尽而毁灭。唯一使之延长寿命的方法就是要实现飞船内的资源循环，尽可能少地排出废物。同理，地球经济系统如同一艘宇宙飞船。尽管地球资源系统大得多，地球寿命也长得多，但是也只有实现对资源循环利用的循环经济，地球才能得以长存。

循环经济模式不同于普通的线性经济理论。它把资源的开发，产品的加工，产品的报废这种形式转化资源开发，产品加工，资源再利用的形式，形成了一个闭环，从而能更大程度利用原始资源。简单模型表示如下：线性经济理论：资源→产品→废弃；循环经济理论：资源→产品

→再生资源。

2. 生态营销理论

生态营销理论是指任何一个企业如同生物有机体一样，要同他们的生产环境相协调。企业须从实际出发，善于把市场的需求和企业自身的资源与技术结合起来，扬长避短，生产既能满足市场需求，又符合企业自身擅长的产品，以求得企业的生存和发展。费斯克等认为，大部分的营销者是能够并且最有可能改变营销模式的，因为他们最了解当前所面临的生态危机。在费斯克等人看来，营销者具有对环境问题做出正面积极回应的能力，因此他们认为所有的生态成本可以通过企业产品的价格得到反映。但是，正如新古典经济理论所阐述的那样，这些学者们也忽视了有关信息不完全的问题，同时对于如何将生态成本内部化通过产品的价格来体现，他们并没有提出可行的方案。

3. 可持续营销理论

可持续营销是20世纪90年代才被提出来的一个较新概念，是指可持续性经济发展中的，支持可持续性经济发展的市场营销活动。可持续营销旨在通过协调企业与生态环境间的可持续性发展来保持企业永续盈利能力同时延长企业寿命。并且呼吁人们认识到传统营销理论的局限性，因此，可持续营销理论学者们认为政府管制是有必要的，这恰巧与生态营销理论的支持者是相反的。他们虽然认为实现可持续营销在未来是可行的并且是一定会实现的，但到目前为止跟生态营销理论支持者一样，并没有为可持续营销实践者提出一个比较可行的策略体系。相较于生态营销理论，可持续营销承认生产者和消费者之间存在信息不完全，在这种只有有限理性的条件下，可持续营销理论的支持者们同样也忽视了政府与生产者和消费者之间存在信息不完全和有限理性的问题。[6]

二、大信绿色营销的意义

（一）消费者的绿色需求

从20世纪60年代至70年代，一股以"绿色食品"为主的绿色营销风开始刮起。从那时起，部分人对商品的要求便不再局限于商品本身的功能、商品的价格和它给消费者带来的便利性，而是关注产品是否健康，是否天然绿色。慢慢地，不仅是绿色食品，其他领域的一些产品也开始向绿色转变。再加上如今自然资源的日益短缺，和生态环境的被破坏。越来越多的人开始关注环境保护，越来越多的消费者开始关注绿色商品，关注绿色企业。

而作为营销的一种，绿色营销则是很好地满足了这些消费者的需求。实施绿色营销的企业，无论是管理，还是产品生产方面，都奉行着绿色环保理念，他们开始审视企业自身的能力和所处的社会环境，规划企业所拥有的资源，设计一系列方案将资源更加充分地利用起来。对于产品的生产更是严格把控，从设计理念到最终销售，都遵循着绿色环保的理念，在满足消费者需求的同时，尽可能减少对环境的影响。更有企业会对废弃产品进行回收，形成资源—产品—再生资源的非线性经济。

营销是为了给客户创造价值，了解客户所需要的东西，并以此为目标设计产品，绿色营销也是在消费者绿色需求的条件下产生的，反过来说，绿色需求同时也是绿色营销最大的动力。与传统营销相比，无论是营销观念还是营销组合策略，都显示出自身独特的、崭新的内涵，显示出顽强的生命力。凭借这些，绿色营销也必将成为 21 世纪市场营销的主流。在这样的大背景下，绿色营销慢慢成为企业的"必需品"，面对如此多的绿色消费者，如果企业没有做好绿色营销，在市场上如此多的营销活动和绿色产品的冲击下，必然会被大多数消费者弃之如敝屣，慢慢被淘汰掉，成为社会经济发展的牺牲品。

（二）利于企业的发展

如前所述，人们的生活观念已经随着社会的发展开始转变，不断开始思考绿色环保问题。对身心健康、居住环境进一步的追求，使得现在的消费者在饮食方面喜欢购买无化肥、无添加剂、纯天然的食物，对于烹饪也是更多选择能够保留食物营养的方式。对于居住环境，消费者不仅注意外界的空气质量，更关心自己装修材料是否有污染，是否有辐射。对于家电的选择也更加倾向于节能环保，无辐射、可回收、可降解的产品[3]。消费者对生活质量的标准不断提高,"口味"也变得越来越刁钻。这对于一些企业或许是致命性的打击,但对于那些很早实行绿色营销的企业而言,由于前期的努力打下了良好的基础和不错的口碑,消费者后续选择也会也越来越多。

企业实行绿色营销对于企业的长远发展也十分有益,除了消费者对于厂商的要求不断提高,国家政策也会更加倾向于绿色发展。例如,早些年国家新的环保政策出台,许多不合格的厂商被纷纷叫停整改,此间花费成本巨大,对于一些小企业甚至是致命的。如果能够早些察觉这些不合格的设备及设计,及早做出反应,一步一步将企业各项标准达到规范甚至是更佳,这样不仅会获得更多消费者的青睐,还能使得企业发展更加长久。

除此之外,我国很多企业想要进军国际市场,但是由于国外绿色营销起步较早,国外消费者对于绿色产品要求则更加的高。而且一些发达国家还建立起了贸易壁垒,其中绿色贸易壁垒最为盛行。绿色壁垒是贸易壁垒地非关税壁垒中的一种,是一国或地区以保护自然资源,生态环境和人类健康为名,通过制定一系列复杂苛刻的环保制度和标准,对于来自其他国家和地区的产品及服务设置障碍,限制进口,以实现保护本国市场为目的的新型非关税壁垒。如果企业想要进军国际市场,必须要做好充足的准备去面对这些条件苛刻的绿色壁垒,那么从这方面来看,绿色营销将是企业做大做强的必经之路。

(三) 社会责任所在

对于一家企业而言,它在这个社会上是和一个人相似的,既然受惠于社会和自然,也要承担一部分相应的责任,甚至是回馈于社会和自然。

以大信家居为例,家居行业本身就是一个较为特殊的行业,一方面家居产品是人们必不可少的,既然有需求就会有相应的企业存在;但是另一方面,家具的生产原材料是树木,生产家居产品必然要砍伐树木,在以往的认知中,多种树木就是保护环境,而砍伐树木就是在破坏环境。除此之外,家居产品还要使用漆、胶水等一些东西都会产生大量的甲醛,不仅对人体有害,对环境破坏也是非常大。

由于种种的因素,家居行业要想做到绿色营销,生产出绿色产品,就需要另辟蹊径,既然不可避免砍伐树木,那就充分好利用每一块木头;既然树木已经加工成木材,那就让它使用更久一点,让它的生命得到延续;既然刷漆会产生有害气体,那么就不刷漆,采用其他的上色方式,胶水也是绿色环保甚至可食用的,这样便不会对环境产生污染。

这一系列的举措便是大信独特的绿色营销方式,这不可避免地会使成本相应上升,但成本上升所带来的损失远远不及它所带来的收益。其实,绿色营销的理念不仅仅体现在产品上,它同时也是大信家居企业文化的一部分。由于企业贯彻了绿色理念,在公司的建设以及各种公司活动中,绿色环保的理念也都被体现得淋漓尽致。除了这些,在追求绿色设计,制造和服务的过程中,不断研究和创造有利于保护生态环境、有利于消费者身心健康的科学技术成果,企业各个方面的能力也会得到锻炼,所掌握的技术水平也会逐渐上升,形成绿色营销的科技环境。同时以是否能为客户带来利益并考虑客户的绿色需求为目标,逐渐便会形成良好的绿色营销竞争新环境。

除了能给企业本身带来好处以外,公司所产生的经济利益也并不会因此大打折扣,对于消费者而言,大信家居付出了一系列努力让他们的产品更加绿色环保。而且家居用品都是和人们生活息息相关的,这些产品做到绿色环保,消费者自然也就可以安全放心地使用,对于产品的满意度也就自然提高,慢慢地口碑上来以后,对于企业的声誉提升也十分有利。

以此看来,绿色营销的发展,不仅仅能让企业做到应尽的社会责任,提高公司声誉;还能提高消费者的满意度,加强与客户之间的联系,提高客户黏性,对于企业的长远发展打下夯实的基础。

因此企业应当注重培养绿色文化意识,从而形成绿色营销的文化环境;在产品设计、制造和服务过程中,不断研究和创造有利于保护生态环境、消费者身心健康的科学技术成果,形成绿色营销的科技环境;以是否能最佳满足消费者绿色需求作为企业间竞争的焦点,形成市场营销新的竞争环境。

(四)有助于形成良好的市场氛围(政府层面)

绿色营销理念在我国发展以前,有不少企业仅仅把自己的利益当作第一位目标，在产品上偷工减料，制造出许多工业残次品依旧按照原价出售给消费者，或者是乱标价，扰乱市场，导致许多企业失去创新和用心做产品的动力。而绿色营销的出现则让市场上的商品有了严格的标准，让那些假冒伪劣产品无所遁形，逐渐显露出本来的狰狞面目。

党的十八大以来，习近平总书记多次强调绿色发展理念，阐明中国特色社会主义生态文明建设的原则和目标。而企业身为社会的重要组成部分，也要积极响应国家号召，以绿色发展为目标，利用绿色营销来设计和生产规范的产品，使得企业、消费者和社会环境有机地结合起来。企业在进行绿色营销活动的同时可以造福消费者和社会环境，而消费者的需求得到满足之后也会进一步地回馈企业，最终形成一个良好地循环。

三、大信家居绿色营销效果

（一）对我国民营企业的启示

在大信家居，绿色理念的应用可谓是随处可见，无论是产品设计还是办公场所的安置，甚至是每一个员工的理念都被大信绿色环保的信念所"同化"。再看大信家居的消费者，也都十分接受和认同大信的绿色环保理念，甚至愿意付出更高的价格去选购大信的产品。因为他们理念相同，相信大信的产品；因为他们从大信身上看到了对于社会的责任感，所以也更愿意相信大信会对消费者负责。

这样一来，在同等价位甚至是稍高价格的情况下，消费者选择大信产品的概率相对来说也比较大。不仅如此，大信还是国内首批获得中国环境标志认证的家居企业，且这项认证已连续超过15年。可以说大信实施的绿色营销让它在整个家居行业中树立了良好的企业形象，为企业未来的发展打下了良好的基础。除了大信家居，其实还有不少企业都已经实施了绿色营销，很多较大的企业集团早就看到了绿色营销的趋势，清楚企业所背负的社会责任，为社会、为环境、为全人类的长久发展付出了自己的努力。

由于时代的特点以及绿色营销在实际应用中所表现出的优越性，绿色营销将会成为主流的营销方式。作为企业，应该顺应时代的变化，及时调整战略，为企业未来的发展做好规划，不再墨守成规，若是没有能够及时乘上这艘"大船"，必将会被时代的潮流所覆灭。

绿色营销是一种独特的营销方式，但毫无疑问它符合这个时代，看看周围自然环境的变化，看看资源的利用率和浪费，就会清楚明白我们需要它。对传统营销方式进行变革，绿色环保是我们逃不脱的话题，自然环境的保护也是我们推脱不了的责任。当然，绿色营销也不是企业一方能够顺利实施的，这个过程还需要消费者的理解和支持，需要国家相应政策的支撑。只有消费者、企业和国家三方一起努力，一起为人类未来的健康幸福努力，绿色营销才能蓬勃健康地发展。

（二）建议

绿色营销的建设不仅需要企业对自身进行调整和规范，还需要好的社会环境和消费者的绿色意识。从市面上的一些企业广告来看，大信家居是非常低调的，但是对于绿色营销来说，有时候太过于低调并不是一件好事。

2003年初公布的一份市场调研报告表明，大约50%的法国人、80%的德国人在超级市场购物时，都愿意挑选环保商品。在美国，有30%的消费者声称他们关心大公司的环境记录，有84%的消费者在购买产品的时候会考虑公司环保方面的声誉。日本环境管理组织（JEMAI）最近的调查显示，有64%的日本消费者说他们会购买环保型的产品，有80%的消费者说他们正在通过节约资源来适应绿色的生活方式。[7]正是因为这些国家消费者的绿色消费意识较强，企业才有进行绿色营销的动力，才能把绿色营销做得更好，就像"零售之王"沃尔玛所做的一系列绿色营销措施，就是因为大部分消费者有着环保意识，才会让沃尔玛的努力没有白费，且取得了很好的成就。

根据以上的描述，我们可以了解到绿色营销要想快速发展，不仅需要企业对自身产品乃至营销理念进行调整，还需要消费者提高绿色消费意识，形成良好的消费习惯。有效的绿色营销宣传不仅可以让消费者了解到企业所实施的一些环保措施，提升企业知名度；还能很好地对消费者进行绿色教育,当消费者不知道自己真正的需求是什么,也不知道自己该如何做时就需要企业进行正确的引导,普及关于绿色生产和环保理念的一些知识,让消费者意识到生态环境的现状,意识到实施绿色营销的重要性和必要性。

由此可见,对消费者进行绿色教育对于企业实施绿色营销有着极大的帮助,而企业的绿色宣传就是一种很好的途径,不仅能够让消费者知道绿色消费的意义和作用,也能提高企业在消费者心中的形象。

第三节 大信企业社会责任对消费者购买意愿的影响研究

随着社会的发展进步与物质文化生活的丰富,我国居民的消费呈现不断上涨的趋势,消费者关注的焦点不再局限于质量本身,而开始转向关注企业社会责任的履行。为了进一步研究履行企业社会责任与消费者购买意愿之间的关系,本书通过收集一手数据,实证检验了大信企业社会责任与消费者购买意愿的关系,研究发现郑州大信家居企业社会责任的履行能显著影响消费者购买意愿,其中,在影响的路径中,顾客感恩起中介作用,消费者亲社会行为起调节作用。最后由得出的结论对郑州大信家居的营销提出了实质性建议,对于郑州大信家居更好地开展自己的企业社会责任营销战略具有重要意义。

一、关于企业社会责任的研究

(一)研究的背景

近年来,全球营商环境更加严峻,企业社会责任问题也进一步走进大众的视野。企业作为人类社会经济发展的产物,自然受到了学者和消费者的关注。从国家层面来看,各国政府倡导企业积极地履行企业社会责任;从社会层面来看,社会各界对企业应该积极履行社会责任的期望更加迫切；从消费者个体来看，消费者开始重视企业社会责任的履行程度。根据《2020年中国企业社会责任研究报告》可知，积极履行企业社会责任这一趋势由国有企业主导，民营企业已紧随其后。在2007年，有26家上市公司主动地发布了企业社会责任报告，到2019年，这一数字增加至930家企业。

2020年，新型冠状病毒肺炎疫情突然在湖北省武汉市爆发，全中国上下都进入紧急状态，大部分企业在灾难发生后及时地给湖北等重灾区捐钱捐物，积极地承担社会责任，帮助疫情重灾区渡过难关。在各大企业捐款信息当中，规模并不大的许昌"胖东来"连锁超市捐款5000万元，使媒体和消费者对其大加赞赏。许昌"胖东来"连锁超市在这次捐款中树立了良好的企业形象，提升了消费者的品牌评价，刺激了消费者的购买意愿。

在现有社会背景下，企业营销活动的一个重要方向就是获取消费者的青睐。处于不同行业的企业在运营活动中逐渐了解到，只注重利润的发展方式并不适用于企业的长远发展。积极履行企业社会责任是一个企业长期发展的必要条件。企业在消费者心中所建立起来的良好形象，会进一步地激发消费者的感恩情绪，形成顾客与企业之间的良性循环。

本部分的研究对象郑州大信家居有限公司是一家专注于生产、研发、供应全屋定制、家居橱柜、衣柜、家用消费品的家居企业，同时郑州大信家居专注于研究生产和销售创新，致力于成为家居行业的标杆。在发展过程中，大信公司重视企业社会责任的履行，如建立了中国第一家厨房文化博物馆，积极传承中国的优秀传统文化，在生产制造方面，投入大量经费，提高板材利用率并降低污染排放率，积极保护生态。研究郑州大信家居的企业社会责任履行情况所带来的影响，对于该企业具有重要的意义。

（二）研究的目的和意义

在产品和服务逐渐同质化的商业大环境下，社会责任的履行对企业的发展具有十分重要的意义，顾客通过对企业社会责任的感知可以提高对企业的喜爱程度，进而提高对郑州大信家居生产的产品的购买意愿。所以本研究的目的就是来验证郑州大信家居积极履行企业社会责任是否可以引起消费者的购买意愿,感恩是否可以在这个路径中起到中介作用,以及消费者的亲社会行为在企业社会责任影响消费者感恩的过程中是否具有调节作用。

企业社会责任一直是学者关注的焦点,在家居行业里,各大家居品牌不断加大广告宣传强度,在生产和销售创新上加大资金的投入。而企业社会责任履行,也逐渐成为产品竞争上的一个突破口。当今的家居产品生产质量相差无几,企业社会责任对顾客购买过程中所产生的影响越来越大。在企业的发展过程中,企业对于社会责任的认知逐渐加深,各个企业内部也把它作为关系产品效益的关键所在。本部分选择长时间进行企业社会责任履行的郑州大信家居作为研究对象,以此构建了研究模型,来更进一步地研究郑州大信家居企业社会责任履行对其消费者购买意愿的影响。

本研究的意义在于为郑州大信家居的企业经营与营销提供了更多的可行性建议。郑州大信家居在下一步的发展过程中,可以加大在企业社会责任方面的投入,积极在自己的网站和公众号上宣传自己的企业社会责任履行情况,激发消费者的感恩情绪。并利用自己的优势进一步开展工业旅游,利用文字和文物来使消费者感受到郑州大信家居在传承我国传统文化方面的投入,进一步提高消费者的亲社会行为,从而在一定程度上提高大信家居的企业营业收入。

(三)研究的内容

前面已经介绍了本部分的研究背景,进一步地提出了本研究对郑州大信家居企业运营与营销的目的与意义,并归纳出本研究的内容及框架。

然后,是理论基础的阐述以及郑州大信家居的简介。罗列出了本书所研究四个变量(企业社会责任、消费者购买意愿、顾客感恩以及亲社会行为)的相关概念,并通过其他学者的研究,总结出了两个理论作为本研究的理论基础,即道德情感理论以及情绪启动理论。

文献回顾与假设提出部分,在之前学者研究的基础上,有理有据地提出了本部分的假设,并通过对本部分所研究四个变量的拟合,构建了本部分的研究模型。

随后的数据收集与假设检验部分,回顾了本部分所研究四个变量的量表，并结合研究对象的特征，形成了本部分的测量问卷。回收到数据后，对数据进行了简单的处理与分析（无效问卷的剔除、信度效度分析、相关性分析）。之后运用层次回归分析以及 PROCESS 中介效应检验法对假设进行验证。

最后，给出了本研究的结论、建议以及不足。在这部分中，首先对研究的结果进行了简单的总结，其次对郑州大信家居的企业经营与营销提供了可行性建议，最后说明了本研究的不足之处。

二、相关理论的回顾

（一）相关概念

1. 企业社会责任

企业社会责任由学者 Oliver Sheldon 提出的，但他仅仅将企业社会责任划定到企业的伦理道德层面。Bowen（1953）在其研究中指出，社会责任是与商人的经营行为密切联系的，在经营过程中应该自觉地按照社会所崇尚的目标和价值观，来向政府和相关组织靠拢，最终进行决策或者采取某些行动。随着社会的进步与商业环境的变化，后来的学者对企业社会责任这一概念有了更进一步的拓展。1979 年，Carroll 通过研究的结果归纳构建了"企业社会责任的金字塔模型"，将企业社会责任划分为四个主要的组成部分，具体包含：（1）慈善责任：积极主动地为社会捐助资源，帮助贫苦家庭；（2）伦理责任：企业经营运作遵循规则，避免损害利益相关者的事情发生；（3）法律责任：企业要在遵循法律规则的情况下进行企业活动；（4）经济责任：提高企业的绩效，创造更高的利润、是企业的基本职责。

在企业社会责任实践与中国企业实际运营相结合的过程中，产生了一个新的维度：文化传承责任。于少青、刘霞（2014）在其研究中指出：在市场经济建设的过程中重视民族传统文化因素，是当代企业自身发展的需要，也是形成具有本民族特色、符合民族历史发展水平的现代企业经营模式的需要。通过上述的文献梳理，本部分根据郑州大信家居的特征将其企业社会责任划分为四个具体方面（文化传承责任、伦理责任、环境责任以及经济责任）来进行测量。

2. 顾客感恩

感恩是中华民族的传统美德。"一滴水必有泉赏"等古训都体现了感恩在人际交往关系中的巨大作用。感恩同时也在企业与顾客的可持续关系中扮演着重要的角色（Fazal-e-Hasan 等，2014）。Mishra（2016）在其研究中指出，企业为了培养可持续性竞争优势，将与顾客建立长久的关系作为企业的重要营销活动。由此可知，通过激发顾客的感恩来提升企业的绩效是一个可行的方法。

感恩特质的研究者 McCullough 等（2002）认为，感恩是一种个体产生感激之情的稳定倾向。而感恩状态的研究者（Emmons、McCullough，2004）则认为感恩是一种情绪或情感状态。近年来，营销学研究者们根据营销情境的不同，将感恩这一特质纳入不同的研究体系，给与了感恩这一概念不同的定义。涂红伟、张志慧等学者（2021）在其研究中，将顾客感恩视为一种能促使顾客产生回报意愿（行为）的积极情感状态（情感），这种状态来源于顾客意识到（认知）企业（或企业员工）表现的行为可以让他或其他人获得好处。

3. 亲社会行为

最早注意到亲社会行为的是心理学界的学者，McDougall（1908）在其研究中指出，亲社会行为指的是人的本能所创造的一种温柔的情感。之后 Weisberg（1972）在《社会积极形式考察》中指出亲社会行为是促进他人获益和社会和谐的一切行为，包括爱心、同情、共情等美好的品德，与暴力的、危害社会和谐稳定的破坏性行为是截然不同的。在之前研究的基础上，Taylor（2004）在他的研究中，对亲社会行为的概念进行了具体的界定：亲社会行为是指在不考虑他人动机和回报的情况下，自发帮助他人的一系列行为。寇彧（2008）综合实践和理论的角度，提出亲社会行为、符合社会行为是符合社会期望的，个体发自内心地做出对他人和社会有益的行为。

Krebs（1994）把亲社会行为看作一个从利己到利他变化的一个连续体。以增加他人利益为目的的行为则被划分为利他行为。个体实施亲社会行为的动机有许多方面,情境压力、使他人获益、维持良好人际关系等。此外,亲社会行为不仅具有利他性,还具有其他丰富的内涵如:自利性、互惠性、互动性等(寇彧,2005)。

(二)理论基础

1. 道德情感理论

根据胡婕(2017)的研究可知:道德情感理论最早是由卢梭提出的,他认为情感作为道德的基础可以支配人的行为,并阐述了三种可以影响人行为的情感。一种是"天然情感",它可以指引人们作有利于公众的事情;一种是"自我情感",它会指引人们做有利于自己的事情;一种是"非天然情感",是指对于个人和公众都不利的情感。学者 Romani(2013)等在研究中指出企业社会责任行为可以在顾客没有获得实质性恩惠的情况下激发他们的感恩情绪,他们基于道德情感理论展开顾客感恩的研究,认为顾客可能会将企业社会责任行为理解为维护或超越自己所期望的道德价值(Kwak 和 Kwon,2016)。Romani(2013)指出:根据道德情绪理论,消费者之所以会产生感恩的情绪,是因为他们将企业对于伦理、环境或社会问题的关注内化为自己感知到的道德利益。

2. 情绪启动理论

当人们处于较好心情状态中,存在于记忆中与情绪相似的信息就更具有接近性,会进一步产生积极的想法和正向的情绪,包括感恩和亲社会的行为等。积极正向的情绪使人们从积极的角度看待负面情绪的刺激以及更希望自己比他人更具有影响力。在积极情绪的引导下,消费者更愿意与企业和其他消费者友好相处,积极帮助他人,从而来改善或提高自己的社会形象。在日常的消费过程中,企业社会责任的履行会进一步激发消费者的积极情绪,从而在一定程度上影响消费者的消费行为并可能进一步产生购买意愿。

(三)郑州大信家居企业简介

1999年,大信家居在河南省郑州市创立。郑州大信家居有限公司是一家从事设计、生产整体厨房、全屋定制和家居消费品的家居品牌。在20多年的发展过程中,大信家居致力于对传统家居行业的生产与销售进行变革与创新,形成了独具特色的大规模个性化定制模式,成为家居行业的龙头企业。在企业不断成长的过程中,大信家居先后获得了国家智能制造试点示范项目、国家服务型制造示范企业、国家级工业设计中心以及国家高新技术企业等荣誉。大信家居企业于2018年11月入选由国家博物馆举办的"庆祝中国改革开放四十周年成就展"。

在历年的发展过程中,大信公司积极履行企业社会责任。大信公司自费建立中国第一所厨房文化博物馆以及中国第一所家居博物馆,积极传承并弘扬中国的优秀传统文化。还建立了非洲艺术博物馆,研究非洲艺术,探寻人类最原始的文明,其目的在于立足于当前工业化、智能化、现代化新时代,从原始文明找回"初心",再造新文明、服务新时代,为建立人类命运共同体提供方向性参考。在生产制造方面,投入大量经费,提高板材利用率并降低污染排放率,积极保护生态环境。在文化传承和环境保护方面,大信无疑是家居行业的佼佼者。因此本书选择郑州大信家居有限公司为研究对象,以此来展开企业社会责任对顾客购买意愿的影响研究。

三、文献回顾与假设提出

(一) 企业社会责任行为对消费者购买意愿的影响

在企业的日常运营过程中,企业社会责任在企业的营销活动中占据更加重要的位置。在企业社会责任行为对消费者购买意愿的影响这一课题上,国内外学者取得了丰富的研究成果。

国外学者 Murray 和 Vogel (1997) 在其研究中发现,当消费者通过一定渠道了解企业社会责任时,他们更愿意购买积极履行社会责任的企业的产品。Mohr 和 Webb (2005) 从公共福利和环境保护两个方面探讨了企业社会责任对消费者购买意愿的影响。他们的结论是,企业社会责任行为对消费者的购买意愿和企业评价有正向影响。有国外学者在其文章中指出,当价格不是消费者购买产品所考虑的因素时,消费者倾向于购买积极履行社会责任的公司生产出来的产品（M. Oberseder, 2011）。

国内学者在这个方向也进行了实证研究。周延凤（2007）从环境保护、善待员工和捐赠三个方面研究了企业社会责任对消费者购买意愿的影响。当企业积极实施上述行为时，这些行为会促进消费者的购买意愿。同时，提高消费者对企业产品的信任程度和对企业的评价。许家瑞（2018）从肉制品企业履行企业社会责任这一角度出发，发现当肉制品企业从原材料到销售都秉承对整个社会负责任的态度来运作时，则会极大地提高消费者对该企业肉制品的购买意愿。

因此，我们基于以上分析提出假设一：

H1：企业社会责任对消费者购买意愿具有正向影响。

（二）顾客感恩对消费者购买意愿的影响

顾客感恩在营销领域中的作用一直是学者们研究的重要课题。营销领域的学者们在研究感恩的过程中，取得了较为丰富的成果。在互惠行为理论的组成中，感恩是其中的重要组成部分。在具体的营销过程中，销售人员会在营销过程中经常使用顾客感恩这一因素来引起消费者的感恩心理，进一步获得更加良好的顾客关系，从而提高营销人员的个人绩效。

Palmatier 等（2009）认为顾客感恩是一种相对短期的情绪，并进一步将感恩视为互惠的情感核心。并且，他们通过相关研究后提出可以通过情感和行为两个主要方面来对感恩进行研究。情感方面指的是消费者所产生的感恩之情，这种情感会让消费者形成一种心理压力，会促使自己去回报给予者。而行为部分是基于感恩之情的互惠行为，部分说明了顾客感恩在关系营销中的作用。感恩是一种连接企业与消费者的正向情绪，有助于关系的持续构建，是形成良好关系的纽带，所以企业要着重培养顾客感恩。

产生于企业社会责任的顾客感恩之情"启动"顾客以一种积极、正向的视角去感知企业的行为。作为正向情绪的感恩之情可以激发消费者形成更强的积极态度和自我效能，可以驱使消费者表现出报答"施恩方"的行为，进而更进一步提高购买意愿的产生。顾客在对企业产生感恩之情后，可以进一步激发顾客的互惠行为（Kim 和 Lee, 2013）。感恩之情与互惠式行为是密切相关的，感恩之情会伴随着回报的渴望。顾客将以正向的角度去对企业的社会责任行为做出反应，通过购买企业的产品和服务等一系列有利于企业的行为来提高企业的绩效。

因此，我们基于以上理论提出假设二：

H2：顾客感恩对消费者购买意愿具有正向影响。

（三）顾客感恩的中介作用

企业社会责任行为有利于顾客感恩的产生。近年来，学者 Romani（2013）在其研究中指出企业社会责任行为可以在顾客没有获得实质性恩惠的情况下激发他们的感恩情绪。感恩是一种正向的情绪，消费者之所以会产生感恩的情绪，是因为他们将企业对于伦理、环境或社会问题的关注内化为自己感知到的道德利益。顾客感恩可以增强消费者与企业的相互往来，从而在交往的过程中形成更加稳固的关系。

涂红伟和张志慧等（2021）在对顾客感恩研究与评述过程中指出，企业可以通过赞助、履行企业社会责任、积极参与慈善等方法来提高消费者的道德认同感，进一步激发消费者内心的感恩情绪。同时，感恩之情的形成可以促进回报行为的产生，最直接的回报行为便是购买企业的产品，在一定程度上，可以提高企业的营业收入。

部分学者运用情绪启动理论得出结论，当消费者感知到企业正在积极地从事企业社会责任的履行的时候，能够促进消费者正向情绪的建立，在积极情绪的影响下，消费者更愿意与企业和其他消费者友好相处，积极帮助企业改善自己的社会形象。企业积极地从事社会责任的履行可以促进消费者正向情绪的形成，产生包括感恩情绪等一系列积极情绪，从而提高的消费者购买意愿。

基于以上理论我们提出假设三：

H3：顾客感恩在企业履行社会责任对消费者购买意愿的影响过程中具有中介作用。

（四）亲社会行为的调节作用

亲社会行为是社会心理学的一个重要因素。亲社会行为是指个体出于减轻他人痛苦的动机而做出的符合社会期望、造福他人的行为。在消费者购买企业生产产品或享受企业提供服务的过程中，可能会产生情感结果。个体在消费过程中是理性的，主要关注个人利益的得失。实施亲社会行为的个体会付出一定程度上的代价，如金钱、时间等。但亲社会行为实施以后会带来一定的回报，如社会评价的提高，自尊心的增强等。当个体感知到亲社会行为带来的回报高于付出的代价时，亲社会行为才可能会产生（Dovidio等，1991）。亲社会行为实际上也包括提升个体自尊、满足个体的自我需要、提升积极情绪等，由此看来，亲社会行为也是自我导向的（Myers，2005）。

有学者在研究中指出：亲社会行为程度较高的消费者会认为帮助他人是他们的内在义务，不会期望精神和物质上的回报。Ross（1977）等在其研究中发现，个人倾向于认为其他人与自己有相同的态度和行为，也就是说，他们倾向于认为其他人会在遭遇与自己相同的环境后，做出与自己相同的反应。所以我们可以推知，亲社会行为程度较高的消费者会更加倾向于相信企业实施企业社会责任行为的动机是有益于社会、有利于他人，并会采取一定的有益于企业的行为。

所以，我们提出假设四：

H4：亲社会行为在企业履行社会责任对消费者购买意愿影响过程中起着调节作用，相比亲社会行为程度低的顾客，亲社会行为程度高的顾客，企业履行社会责任对消费者购买意愿影响更高。

根据以上文献的回顾与假设的提出，将四个研究变量（企业社会责任、消费者购买意愿、顾客感恩和消费者亲社会行为）拟合，以此构建本书的研究模型如图6-1所示：

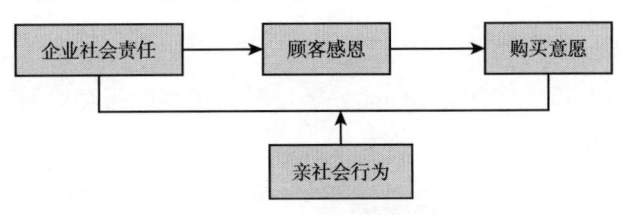

图6-1 本书研究模型

四、数据收集与假设检验

(一) 数据收集

本研究的主要对象是郑州大信家居的购买者,在大信区域销售经理的帮助下,问卷以线上的形式通过微信发放,一共发放 135 份问卷,回收 126 份。通过对问卷的进一步筛查,发现 11 份无效问卷,故有效问卷一共 115 份。问卷分为五个部分,前四个部分是通过量表的形式,对企业社会责任、顾客感恩、购买意愿、消费者亲社会行为这四个变量进行测量;第五部分主要是大信消费者的个人信息,问卷均采用前人较为成熟的量表,具有较好的质量。通过对数据的对比和分析可以比较详细地得出郑州大信家居的企业社会责任履行对其消费者购买意愿的影响状况。

1. 样本描述性统计

样本的结构分析由结构分布表可知,男性占 50.4%,女性占 49.6%,男女所占比例接近 1:1。消费者大部分处于 18~40 岁,占比 96.6%。郑州大信家居消费者家庭月平均收入在 6000~10000 元区间的占比 37.4%。由此可以得知,大信家居消费者的样本分布比较合理。对于所要验证的假设具有一定的有效性。见表 6-1。

表 6-1　　　　　　　　样本结构分布

问题	题目	频率	所占百分比
性别	男	58	50.4%
	女	57	49.6%
年龄	18 岁以下	1	0.9%
	18~25 岁	17	14.8%
	26~30 岁	45	39.1%
	31~40 岁	48	41.7%
	40 岁及以上	4	3.5%

续表

问题	题目	频率	所占百分比
您的学历	高中及以下	20	17.4%
	本科	87	75.7%
	研究生	7	6.1%
	博士	1	0.9%
家庭月平均收入	6000 元以下	37	32.2%
	6000~10000 元	43	37.4%
	10000~15000 元	8	11.5%
	15000~20000 元	14	12.2%
	20000 元以上	13	11.3%
您所从事的职位	学生	6	5.2%
	机关及事业单位	26	22.6%
	自由职工	15	13.0%
	企业职员	51	44.3%
	退休人员	2	1.7%
	其他	15	13.0%
总数		115	100%

2. 变量的设计

（1）企业社会责任测量量表

本研究中所采用的企业社会责任的测量量表是基于吴雪（2017）在研究中用的企业社会责任的量表。她的量表是在前人研究成果的基础上，参照 Carroll 学者企业社会责任的金字塔模型修改而成，本书加入了传承传统文化这一角度形成了本研究的量表，从四个方面来测量郑州大信企业社会责任的履行情况。

（2）购买意愿测量量表

购买意愿量表是基于 Zeithaml、Berry（1996）研究量表，在结合本书的研究对象，进行适当修改而成的。共有3个小题，从三个方面来测试消费者的购买意愿。

（3）顾客感恩测量量表

本研究中采用的顾客感恩量表是基于 Palmatier 等（2009）研究中的

测量问卷，从情感和行为两个方面对顾客感恩程度进行测量，共有 6 个小题。

（4）亲社会行为的测量量表

亲社会行为量表是基于谭玉婷（2020）研究中的量表，共 8 个小题。总分越高证明亲社会倾向程度越高（寇彧、洪慧芳等，2007），通过检验具有很好的效度。

3. 量表的信度和效度分析

（1）量表的信度分析

由信度分析表可以看到，四个变量的量表 Cronbach α 系数值均处于较高信度水平，表示量表信度良好，四个量表的各题项之间一致性较高。见表 6-2。

表 6-2　　　　　　　　　　信度分析

量表	题项数量	Cronbach's Alpha
企业社会责任	8	0.966
购买意愿	3	0.949
顾客感恩	6	0.907
亲社会行为	8	0.951

（2）量表的效度分析

由量表效度检验表的结果可知，四个量表在其测量数据上的 KMO 值都在 0.8 水平以上（Sig<0.05），说明本研究所采用的量表有比较高的结构效度，对于我们所要研究的问题具有一定的帮助。见表 6-3。

表 6-3　　　　　　　KMO 和 Bartlett 的检验

量表	取样足够度的 KMO 度量	Bartlett 球形度检验 Sig
企业社会责任	0.930	0.000
购买意愿	0.853	0.000
顾客感恩	0.864	0.000
亲社会行为	0.918	0.000

(二) 提出假设的检验

1. 相关性分析

运用 SPSS20.0 对收集到的数据进行 Pearson 相关系数分析，研究各变量之间的相关性程度，输出结果见表 6-4。

表 6-4　　　　　　　　变量相关性分析

		企业社会责任	购买意愿	顾客感恩	亲社会行为
企业社会责任	Pearson 相关性	1	0.857**	0.815**	0.696**
	显著性（双侧）		0.000	0.000	0.000
	N	115	115	115	115
购买意愿	Pearson 相关性	0.857**	1	0.796**	0.731**
	显著性（双侧）	0.000		0.000	0.000
	N	115	115	115	115
顾客感恩	Pearson 相关性	0.815**	0.796**	1	0.585**
	显著性（双侧）	0.000	0.000		0.000
	N	115	115	115	115
亲社会行为	Pearson 相关性	0.696**	0.731**	0.585**	1
	显著性（双侧）	0.000	0.000	0.000	
	N	115	115	115	115

注：** 为 $p<0.01$ 水平（双侧）上显著。

从表 6-4 的相关性分析结果我们可以看出，四个变量（企业社会责任、消费者购买意愿、顾客感恩、亲社会行为）之间的相关性较高，说明四个变量之间有着较强的相关性关系。相关性分析的结果为我们下文假设的验证提供了一定的根据。在相关性分析的基础上，我们进一步运用 SPSS20.0 对主效应、中介效应以及调节效应进行检验。

2. 主效应和中介作用的进一步检验

对主效应的检验采用的是回归分析法，即企业社会责任对购买意愿的影响，回归分析的结果表明在控制了消费者的性别、年龄、学历、职业、家庭月平均收入后，企业社会责任对购买意愿有显著影响。

在 SPSS20.0 软件中运用层次回归分析法对中介效应进行检验。在分析过程中先对控制变量包括性别、年龄、学历、职业、家庭月平均收入对购买意愿的影响进行分析，输出结果得到模型1；在第一步的基础上引入自变量（企业社会责任），得到模型2；第三步，在第一步的基础上引入中介变量（顾客感恩），得到模型3；第四步，将中介变量（顾客感恩）作为因变量，放入控制变量，之后引入自变量（企业社会责任），得到模型4（董伶俐，2018）。最后分析结果进行汇总，如表6-5所示：

表6-5　　　　　　　　　　中介效应检验

自变量 \ 因变量	购买意愿			顾客感恩
	模型1	模型2	模型3	模型4
控制变量				
性别	0.087	-0.009	0.005	-0.054
年龄	0.106	-0.014	-0.001	-0.048
学历	-0.018	-0.039	-0.050	0.041
职业	0.167	0.106	0.073	0.122
家庭月平均收入	0.087	-0.014	0.015	-0.105
自变量				
企业社会责任		0.848**	0.621**	0.827**
中介变量				
顾客感恩			0.275**	
R^2	0.075	0.749	0.773	0.687
R^2值变化	0.033	0.735	0.758	0.669

注：** 为 $p<0.01$，* 为 $p<0.05$ 水平上显著。

从中介效应检验表结果得出，在去除控制变量的影响下，模型2中 $\beta=0.848$（$P<0.01$），自变量（企业社会责任）对因变量（购买意愿）有显著影响，假设一得到验证；在模型4中 $\beta=0.827$（$P<0.01$），企业社会责任的履行对顾客感恩有显著影响，假设二得到验证；模型三（$\beta=0.275$，$P<0.01$），可知顾客感恩对购买意愿呈正向影响关系，顾客感恩程度越高，消费者购买意愿越强。在加入中介变量顾客感恩后，企业社会责任对消费者购买意愿的影响系数由0.848降低到0.621，但结果仍是显著的（$\beta=0.621$，$P<0.01$）。

加入 PROCESS 中介效应分析来进一步验证中介效应。运用 Hayes（2012）编制的 SPSS 插件中的 Model4（简单中介模型），在控制性别、年龄、学历、职业、家庭月平均收入的情况下对顾客感恩在企业社会责任与购买意愿之间关系中的中介效应进行进一步检验。检验结果在 PROCESS 中介效应检验表和总效应、直接效应及中介效应分解表中。由此我们可以得出，顾客感恩在企业社会责任对购买意愿的过程中起到部分中介作用，部分支持了假设三，见表 6-6、表 6-7。

表 6-6　　PROCESS 中介效应检验

回归方程（N=115）		拟合指标			系数显著性	
结果变量	预测变量	R	R^2	F (df)	B	t
购买意愿（不含顾客感恩变量）		0.865	0.749	53.713**		
	性别				-0.009	-0.188
	年龄				-0.014	-0.235
	学历				-0.039	-0.733
	职业				0.106	1.753
	家庭月平均收入				-0.014	-0.273*
	企业社会责任				0.849	17.028**
顾客感恩		0.829	0.687	39.427**		
	性别				-0.054	-0.970
	年龄				-0.048	-0.728
	学历				0.041	0.688
	职业				0.122	1.796
	家庭月平均收入				-0.105	-1.814
	企业社会责任				0.827	14.849**
购买意愿（含顾客感恩变量）		0.879	0.773	51.944**		
	性别				0.005	0.114
	年龄				-0.001	-0.012
	学历				-0.050	-0.985
	职业				0.073	1.239
	家庭月平均收入				0.015	0.292
	顾客感恩				0.275	3.335**
	企业社会责任				0.621	7.479**

注：模型中各变量均采用标准化后的变量代入回归方程进行检验。

表 6-7　　　　　总效应、直接效应及中介效应分解

	效应值	Boot 标准误差	Boot CI 下限	Boot CI 上限	相对效应值
总效应	0.849	0.049	0.902	1.098	
直接效应	0.621	0.144	0.421	0.974	73.14%
顾客感恩的中介效应	0.228	0.137	0.054	0.587	26.86%

注：Boot 标准误差、Boot CI 下限和 Boot CI 上限分别通过偏差校正的百分位 Bootstrap 法估计的间接效应的标准误差、95% 置信区间的下限和上限。

3. 调节效应检验

亲社会行为在企业社会责任和购买意愿之间的调节作用，同样运用层次回归分析法来进行研究，在分析的过程中加入了企业社会责任与亲社会行为的交互项，来探究交互项对购买意愿的影响（温忠麟等，2005）。SPSS 分析结果如表 6-8 所示：

表 6-8　　　　　调节效应检验表

	因变量	购买意愿			
自变量		模型1	模型2	模型3	模型4
控制变量					
性别		0.087	-0.009	-0.009	-0.009
年龄		0.106	-0.014	-0.032	-0.052
学历		-0.018	-0.039	-0.051	-0.045
职业		0.167	0.106	0.074	0.070
家庭月平均收入		0.087	-0.014	-0.016	-0.009
自变量					
企业社会责任			0.848**	0.684**	0.711**
调节变量					
亲社会行为				0.249**	0.316**
交互项					
企业社会责任×亲社会行为					0.146**
R^2		0.075	0.749	0.779	0.793
R^2 值变化		0.033	0.735	0.765	0.777

注：** 为 $p<0.01$，* 为 $p<0.05$ 水平上显著。因变量：购买意愿。

从调剂效应检验表的结果看，企业社会责任对购买意愿有显著的影

响关系（模型 2，β = 0.848，P < 0.01）。企业社会责任与购买意愿的交互作用对评价行为影响显著（模型 4，β = 0.146，P < 0.01），相比亲社会行为低的顾客，亲社会程度越高的消费者越在意企业的社会责任行为，目前从分析结果来看，被试消费者亲社会程度相对较高（M = 5.67）。交互项对购买意愿影响显著，亲社会行为起到调节作用，调节作用显著，假设四得到验证。根据以上两个部分的研究结果，假设验证汇总如下：

H1：企业社会责任对消费者购买意愿具有正向影响（成立）。

H2：顾客感恩对消费者购买意愿具有正向影响（成立）。

H3：顾客感恩在企业社会责任对消费者购买意愿的影响中具有中介作用（部分成立）。

H4：亲社会行为在企业社会责任对消费者购买意愿影响中起着调节作用（成立）。

五、结论、建议及不足

（一）研究结论

通过对收集到的数据进行分析，本研究主要讨论了以下三个方面的问题并得出了相关结论：首先，讨论了企业社会责任的履行对消费者购买意愿的影响；其次，研究了在影响路径中顾客感恩的中介作用，为了进一步验证顾客感恩在企业社会责任与消费者购买意愿之间的中介作用，本研究加入 PROCESS 中介效应检验法来验证中介效应；最后，讨论了亲社会行为在企业社会责任和消费者购买意愿的调节作用。各项研究结果如下：

1. 企业社会责任对消费者购买意愿显著正向影响

由中介效应检验表中的数据可知，郑州大信家居所履行的企业社会责任对消费者购买意愿正向影响（β = 0.848，P < 0.01），说明郑州大信企业社会责任正向影响消费者购买意愿，即消费者对郑州大信家居企业社会责任认同度越高，对郑州大信家居品牌的评价会越高，从而提高消费者的购买意愿，并提高企业的绩效。

2. 顾客感恩在企业社会责任对消费者购买意愿的影响过程中的部分中介效应

由中介效应表（表6-5）中的数据可知，郑州大信家居企业社会责任对顾客感恩的回归系数是 $\beta = 0.827$，$p < 0.01$，由 PROCESS 中介效应检验表可知企业社会责任对购买意愿的预测作用显著（$B = 0.849$，$t = 17.028$，$p < 0.01$），即郑州大信家居企业社会责任对顾客感恩有显著正向影响，表明郑州大信家居积极履行企业社会责任会在消费者没有获得实质性恩惠的情况下，可以激发消费者的感恩情绪。

由中介效应检验表中的数据可知，顾客感恩对购买意愿的回归系数 $\beta = 0.275$，$P < 0.01$，由 PROCESS 中介效应检验表可知顾客感恩对购买意愿的正向预测作用显著（$B = 0.275$，$t = 3.335$，$p < 0.01$）。即顾客感恩对购买意愿有显著正向影响，表明顾客在对郑州大信家居企业产生感恩情绪（感恩是一种正向的情绪）时，会促进消费者购买意愿的产生，进一步提高企业的绩效。

由 PROCESS 中介效应检验表可知企业社会责任对购买意愿的预测作用显著（$B = 0.849$，$t = 17.028$，$p < 0.01$），且当放入中介变量后，企业社会责任对购买意愿的直接预测作用依然显著（$B = 0.621$，$t = 7.479$，$p < 0.01$）。企业社会责任对顾客感恩的正向预测作用显著（$B = 0.827$，$t = 14.849$，$p < 0.01$），顾客感恩对购买意愿的正向预测作用显著（$B = 0.275$，$t = 3.335$，$p < 0.01$）。此外，企业社会责任对购买意愿的影响的直接效应及顾客感恩的中介效应的 bootstrap95% 置信区间的上下限均不包含 0（见总效应、直接效应及中介效应分解表），表明企业社会责任不仅能够直接预测购买意愿，而且能通过顾客感恩的中介作用预测购买意愿。该直接效应（0.621）和中介效应（0.228）分别占总效应（0.849）的 73.14%、26.86%。由此得出，顾客感恩在郑州大信家居企业社会责任和购买意愿之间起到了部分中介作用，假设三得到了验证。郑州大信家居积极履行企业社会责任会激发消费者内心的感恩情绪，在这种正向情绪的影响下，消费者会更加友好的对待企业，并且产生购买企业产品的念头。

3. 亲社会行为在企业社会责任对消费者购买意愿影响过程中的调节作用

由调节效应检验表可知，企业社会责任与购买意愿的 $P < 0.01$，在此

基础上亲社会行为对购买意愿的 $P<0.01$，郑州大信家居的企业社会责任和消费者的亲社会行为对消费者购买意愿均有正向显著的影响，企业社会责任与亲社会行为的交互项对购买意愿的 $P<0.05$，交互项作用显著，即亲社会行为在企业社会责任和购买意愿之间起到调节作用，消费者的亲社会行为程度是消费者自身的一种特质，消费者的亲社会行为是可以培养的。相较于亲社会行为较低的顾客，亲社会行为程度较高的顾客可以更好地感知并理解企业在社会责任方面的付出。

（二）对郑州大信家居企业的建议和启示

结合研究结论，本书为郑州大信家居企业的管理者提出以下几点管理与营销建议：

1. 郑州大信家居应继续积极履行企业社会责任

就具体企业而言，应积极主动地肩负起企业的社会责任，这可以很大程度地提高品牌在消费者心中的地位，为企业赢得更好的声誉，激发消费者内心的感恩情绪，进而让消费者更倾向于购买企业所生产的产品和服务。郑州大信家居在保护环境和传承中华传统文化方面的投入是可以继续加大的，因为其在企业社会责任方面的投入是可以得到回报的。

2. 提高郑州大信家居履行企业社会责任行为的宣传

本研究表明，对于亲社会程度较高的消费者来说，他们将更能理解郑州大信家居在企业社会责任方面的投入，并产生回报企业的念头即购买企业生产的产品。因此，郑州大信家居企业可以适当地去加大履行企业社会责任行为的宣传，让更多的消费者了解到大信家居企业在履行企业社会责任方面的投入，例如，微信视频号宣传、微信公众号宣传、抖音宣传等手段。扩大厨房博物馆、家居博物馆以及非洲文化博物馆的影响力，从而更好地让消费者了解到郑州大信家居在文化传承方面所做出的努力。

3. 激发消费者的亲社会行为

亲社会行为是消费者的某种个人特质，是可以通过外部手段来培养的。消费者的亲社会行为程度越高，利他主义倾向越明显，就可以更好地去感知企业在履行社会责任方面的投入，从而促进购买意愿的产生，加速企业的发展。大信家居应着重于培养消费者的亲社会行为，在企业的社交平台和官方网站上，发布关于企业利他行为的新闻和报道，鼓励消费者积极地去承担一些有益于社会发展的责任，比如爱心捐款、爱护环境等。大信家居可以利用自己的优势，进一步开展大信工业园区的旅游，利用文字和文物，让消费者进一步了解大信在履行企业社会责任方面的投入。在各个市场的门店中，利用标语和宣传手册，让消费者在大信家居零售店内感受到郑州大信家居在企业社会责任方面的努力，进一步提高消费者的亲社会行为，从而在一定程度上提高郑州大信家居的企业绩效。

第四节　本章后记

2016年河南财经政法大学承办了全国商务经济学年会，作者当时参与会议的筹办工作，组织参观完大信，尤其是了解了大信的企业文化后，每一位参会老师都深深为这个品牌的文化内涵而感叹，尤其是对大信的企业社会责任感意识和对传统文化的深度剖析和挖掘，让参会者看到了这个品牌的不同之处，参观中有多个老师询问他们当地有大信的产品吗？当地能购买得到吗？那种信任和喜欢是由衷的，我相信这不单单是产品的魅力，更是为大信的品牌文化而折服。

2020年10月河南财经政法大学主办"中国企业管理高层论坛"，庞学元作为企业嘉宾应邀出席，因为疫情管制外来车辆不得入校，从刚入校门开始我就抓住机会就刚落成的大信非洲艺术博物馆的建设进行了访谈，庞学元滔滔不绝声情并茂地给我讲解排除各种困难筹资建立非洲艺术博物馆的初心，以及该博物馆承担的对国家工业发展的责任。能感受到他的专心讲解背后是他作为企业家对国家工业发展的责任，是一名共产党员对党的民族品牌事业发展的责任，是对洞察人类文明发展历史的责任。

一直以来，经济学的传统理论和商业界观点都认为，在社会福利和经济效益之间存在着权衡取舍关系。传统观点上，企业实际上通过引起社会问题而获得利润，最经典的例子是环境污染。如果企业自由排污，相对于去想办法投设备、提高技术等进行减排，则能赚到更多钱，因为减排总是很昂贵，因此企业不愿意去减排；不安全不卫生的工作环境能带来利润，而改造工作环境则需要投入，费用太贵了。因此如果企业选择不安全的工作环境，就能赚到更多的钱，这就是传统观点。而管理学大师迈克尔·波特通过深入研究一个个社会问题给出了另外一个事实：企业通过解决社会问题而获利，这才是利润的来源。比如说污染问题，我们也发现有非常多的企业通过减少污染和废水废气的排放而赚取了利润。尤其在我国"双碳"目标下，多余的碳排放企业还需要支付一定的费用，而通过减排则可以省钱，也能让企业更有效率，提高生产率，这样不会浪费资源；更安全的工作环境，代表好的工作流程，能避免事故的发生，事故是昂贵的，代价很高，一次次的事故之后，企业逐渐明白，实际上这种权衡关系并不存在于社会进步和经济效率之间。当然还包括健康问题，越来越多的企业发现，实际上，企业应该重视员工的健康状况，因为健康的身体可以保证员工的工作效率和出勤率，以及投入的工作。迈克尔·波特对商业和社会问题的全新交叉研究都论证了企业赚取利润和解决社会问题相辅相成的。

从大信家居这么多年践行企业社会责任我们可以发现，一个公司可以采取既能增加利润，又能改善经济和社会状况的行动，换句话说，这两者不是对立的，如果一个企业能做更多的事情来帮助社会，那样会损害企业的利润吗？不，可以两者兼顾。所以，我们的品牌在组织中做了什么来赢得信任？我公司的目的是什么？我有更高的目标吗？客户关心的不仅仅是你的公司卖什么，所有的公司都与利益相关者的利益保持一致，他们不仅仅为股东服务，利润也不仅仅是股东的，利润将被分享给社会共享，这类公司的高管薪酬相对较低，这些公司实行门户开放政策，因此最基层的员工可以向最高管理层提出想法，同时，员工的成长率更高，流动率更低，这些公司将供应商视为合作伙伴，共同提高生产力和质量，降低成本，他们相信企业文化是他们最大的资产，也是他们竞争优势的主要来源，这些公司的营销支出更低，成本低于竞争对手，产品更受欢迎，他们的客户为公司做了大量的营销工作，每一个品牌经理都应该给品牌定义一个更高的目标。

| 第七章 |

大信家居的企业向善

第一节 企业向善的背景

一、企业向善的概念与背景

向善是中华传统优秀美德,《孟子》一书中就谈到:"人性之善也,犹水之就下也"。关于企业向善,每个企业家都有自己的见解。一些人认为,企业向善是一种大善即兼顾所有利益相关者的利益。另一些人认为,企业能通过合法正当的手段持续不断地为社会创造正向的价值就是最大的善。总的来说,企业向善就是企业在经营主要业务和项目的同时兼顾社会和环境问题,一方面助力解决社会和环境问题,另一方面也能给企业带来利益回馈,既促使企业建立可持续发展的模式,又兼顾利益相关者的利益,这样的行为就是企业向善行为。

习近平主席提出,要在2030年实现碳达峰,努力争取在2060年实现碳中和,这是基于构建人类命运共同体的责任担当和实现可持续发展所作出的重大决策。双碳的意义是整个社会、经济、文化各个方面的集合,而不仅仅是环保层面。

追求经济效益本是企业最初的驱动力,但绝不应仅仅止于此。新发展阶段就是要实现高质量发展,要兼顾自身利益和社会利益协调发展。这就要求企业不能只站在自身利益的角度思考问题,而还要考虑这样做是否会损害社会利益或者这样做会给社会带来什么影响。新发展理念是"创新、协调、绿色、开放、共享",企业应当积极将自身发展理念向新发展理念转变,将创造社会价值融入企业经营活动中。

(一) 新消费观的推动

随着社会的发展,以及收入水平和消费力的不断提高,消费者对于品牌和社会的影响力也在增强。越来越多的消费者不再仅仅关注于产品本身,而更多地开始偏向情感和精神价值消费,选择那些环境友好型、有道德的产品。尤其是经过新冠肺炎疫情的摧残后,消费者越来越期待看到企业的善行和担当,并愿意支持此类企业进行消费。另一方面,"00后""95后"作为新的有实力的消费群体出现,推动消费进一步升级,其中多数消费者表明消费不只是为了满足消费需求,更多的是为了情感或者精神方面的需求。再者,消费者对于品牌的期望也在发生着变化,过去对于品牌的期望更多集中于"为我提供我所需要的产品",而现在变成了"为完成我们共同的理想而努力",消费者认为企业应发挥其核心能力来解决社会问题,也更愿意选择那些与自身价值观相符合的公司。

(二) 环境日益恶化以及新冠肺炎疫情带来的冲击

环境是人类所赖以生存和发展的基础,环境破坏必然会阻碍人类社会的长期发展。环境损害具有不可逆性,损害过程是缓慢的,但达到一定的程度后就会急剧表现出来,到那时已经处于无法补救状态或者要付出巨大的代价才可以恢复。我国目前的环境问题也比较尖锐,污染物排放量严重超标,生态破坏严重,草原退化、荒漠化等问题有待解决。基于此,企业应当转变其价值观,积极承担起环境保护的社会责任。企业在产品设计、研发、制造过程中应严格按照国家标准,循环利用资源,注重环境保护,致力于开发无污染健康的产品。新冠肺炎疫情的爆发给全社会造成了巨大的影响,带来了诸多的不确定性,让企业认识到在这种情境下任何人都不能独善其身,也提醒我们人类与自然是密切相关的,由此让企业更加强化了承担社会责任的重要性。

(三) 三次分配日益重要和共同富裕的目标

共同富裕是我们长期以来的奋斗目标，脱贫攻坚战的胜利，全面小康社会的建成，这都为实现共同富裕创造了前提条件。中财委提出要在高质量发展中实现共同富裕，这需要初次分配，再分配，三次分配的协调配合。而三次分配日益成为社会分配中的重点环节，三次分配主要强调的是社会责任方面，由社会道德驱动，是对初次分配、再分配的有益补充。三次分配是社会力量在文化、道德等因素的影响下，自愿参加志愿活动，从事慈善事业等。例如，2021年郑州暴雨事件，社会各界力量通过各种渠道捐款，进行志愿活动，充分体现了三次分配的调节作用。三次分配是缩小收入差距，缓和贫富矛盾，促进共同富裕的重要手段。党的十九届四中全会也表明要重视三次分配的调节作用，发展慈善等公益事业。"十四五"规划也明确了三次分配在我国经济发展中的地位，企业作为慈善事业的重要力量，在促进共同富裕的道路上，应扮演更重要的角色，承担更多的社会责任。

(四) 落后的经济模式

落后的经济模式注重刺激消费而造成浪费严重，过度消耗自然资源而带来的环境破坏，财富的分配制度不合理导致财富两极分化严重，贫富差距日渐扩大。这种经济模式有两个特点：一是可以急剧积累财富；二是在这种积累财富的过程中造成环境破坏，贫富差距显著。越来越多的企业家及消费者认识到这种追逐短期利益最大化的经济模式所带来的恶果。21世纪是信息技术的时代，互联网、人工智能等科技创新显著地改变了人们的工作方式和生活状态，互联网使得人与人之间的联系更加紧密，国家之间交流更加密切。落后的经济模式需要进行重构，企业更应关注环境、员工、社会之间的关系，致力于改善社会环境，解决社会问题，而不仅仅局限于企业的利润最大化。

二、企业向善对企业发展的意义

(一) 树立良好的企业形象

企业形象是外界与该企业交往合作中感知到的总体印象，是企业精神文化的外在表现形式。企业向善行为能给社会带来正面的效应，进而影响顾客对于该企业品牌的感知，企业形象也会有所改善。良好的企业形象有助于提高企业的知名度、可信度，能够增强企业的凝聚力，激发员工对于企业的认同感、归属感，从而间接提高企业的核心能力，对于获取经济效益，树立较高的品牌声誉都有重要作用。如在郑州洪涝灾害中，涌现了一大批有责任有担当的企业，很多企业身处灾区却心系大众，积极捐款和运送物资，提高了消费者对于该品牌的好感度，有助于树立良好的企业形象。但同样也存在着缺乏善意的制造商、平台等，如在洪涝灾害肆虐的时候，大肆哄抬皮筏艇等救援装备价格的制造商，在疫情爆发的时候，不断抬高口罩价格的制造商，这种赚灾难钱的企业，不仅会遭到抵制，其企业形象更是会直线下滑。

（二）更好地履行社会责任，实现可持续发展

可持续发展就是要兼顾现在发展和未来发展的需要，不能只注重于眼前利益而以牺牲后期利益的代价来获取发展。过去，大多数企业为了逐利只专注于自身的利益，而忽视了其必须要承担的社会责任，如过度开发导致环境破坏，对资源的随意浪费，诚信缺失导致假冒产品频出等。而企业向善的价值观可以使企业更好地履行社会责任，合理的配置和使用资源以及将社会价值融入企业的发展战略中，以创造共享价值，实现可持续发展。比如，一些企业将自身业务与脱贫攻坚事业相结合，投入上亿资金到脱贫攻坚领域当中。要想实现可持续发展离不开企业积极地履行社会责任，在环境问题日益严重的今天，向善企业更能肩负起环境保护的重任，向善企业更加注重对于绿色产品的研发，实施绿色生产，将绿色发展理念融入企业的核心战略当中，推动自身产业的转型升级，最终达到可持续发展。

（三）与社会建立相互促进的关系

环境恶化、毒奶粉事件、假冒伪劣产品频出等似乎已经将企业与社会摆上了对立面，实际上这只是少部分企业的行为，企业与社会之间应当是相互促进的关系。"投我以桃，报之以李"，善意是存在传递性的，这一点在《诗经》中早有说明。企业与社会之间也是可以相互促进发展的,如企业对某一地区的发展大力支持,不求回报地给予物质支持以及人力资源支持以促进该地区的发展建设,在该企业有所获益后,市场上其他企业也会纷纷效仿该行为,从而与社会建立相互促进的关系。向善企业会更加关注社会问题,如就业问题,向善企业积极提供不同种类的就业岗位,能在一定程度上缓解就业压力,促进了社会的稳定,反过来社会也会为企业输送源源不断的人才。

(四) 增强企业的竞争优势

企业向善行为能够有效改善企业所处的外部环境,从而增加企业的竞争优势。首先,企业向善能够有效改善企业的要素水平,例如,对专门人才的吸引力增加,企业所处的地区生活条件,环境质量有所改善,能够带动该地区产业发展,提高研发水平等。其次,企业向善也能够有效扩大其市场规模,增加其市场份额。再次,向善的企业更加注重透明化,注重效率和公平,支持公平竞争,有效减少商业贿赂等行为,与非向善企业之间建立了一道隐形壁垒,更能引起消费者的关注,更能提高企业的形象。最后,能够形成人才竞争优势,人才也是企业发展最重要的资源之一。如何留住人才、激励人才一直是企业所困扰的问题,而向善企业往往积极承担社会责任,这样的企业对于人才更具有吸引力,人才越来越趋向于成为"社会人",不仅追求物质满足,也追求精神上的愉悦。进入向善企业工作,员工们也会感受到这种向善所带来的精神满足感,从而有效提升自我形象,对该企业更加忠诚。

三、企业领导者的善念在企业发展中的作用

(一) 构建正确的企业价值观与企业文化

企业善意就是新的生产力和竞争力,越来越多的企业家认识到存善念和行善举的重要性。评价某个企业的产品或者业务体验不好的时候,用户会认为该企业的价值观存在着问题,做出此判断的依据正是该企业

所提供的产品或服务。企业文化是全体员工的共同努力的结果,而企业家精神在其建设过程中起决定性作用,企业家的善念会在企业文化的发展过程中融入进去,对于企业向善文化的构建以及价值观的建立都具有推动作用。向善的价值观会促使企业从用户的需求出发去生产产品、提供服务,以取得顾客满意,获得顾客忠诚度,实现可持续发展。拥有善念的企业家的企业往往也是向善的,信任危机、伪劣产品等负面消息也会显著低于市场上的其他企业。相反,那些唯利是图的企业家和企业或许在短期内会有所发展,但长期来看其缺乏正确的价值观导向,最终会导致企业自食恶果,遭到消费者的联合抵制。

(二)增强员工认同感

拥有善念的企业家往往热衷于慈善事业和解决社会问题,在这种领导者行为潜移默化的影响下,员工的行为方式也会有所改变,以利他为本心,坚守良知和道德底线。领导者的善念同样也会应用到员工身上,这类领导者往往信任和宽容下属,并且能够不断激励员工,增强员工的认同感。领导者对员工的信任让员工也选择相信领导者,相互信任的关系就此确立。在这种情景下,员工往往会表现出更高的工作满意度,产生更高的归属感,并且愿意为了组织目标而奋斗,从而有利于企业的经营绩效。

(三)有利于提高品牌的知名度

企业家作为企业的代表人物也在一定程度上代表着企业形象,企业家的善意行为会通过各种各样的渠道传播给消费者,消费者会将企业家的善意的形象与该企业品牌联系起来,这就为企业品牌贴上了一种人性化的标签。同时企业家的善意也会免费为企业品牌进行宣传,拥有善意的企业家往往更容易被社会公众所认可和熟知,企业家可以利用个人影响力提高其公司的知名度。再者,企业家的善意实际上会形成一种独特的个人魅力,会为企业吸纳新的人才和力量,企业家声誉度的高低会成为求职者衡量企业好坏的度量尺,求职者往往会选择那些他所偏爱的企业家所在的企业。

第二节 大信的企业向善

创造的源泉是利他,不断地利他就是创造企业的一个最重要的出发点。创造不是从竞争开始,不是从追求财富开始,而是从对大众的生活与生命有更大更有意义的贡献开始,就像乔布斯的电脑和手机,让人类可以如此快捷沟通与接近知识。所以乔布斯说:"我相信依着我们的热情,我们可以改变世界,并可以让世界变得更好。这是苹果公司一路以来未曾改变的核心理念。创造来自深刻的对人类的慈悲与爱,爱让世界变得更美好。这是生产的动力,从这种动力出发的生产体系就应该更具备着爱与慈悲。"

物质也是有生命的,生产的善,应该是基于改善人类的生活,促进人类社会整体的善,树木生长不是为了人类砍伐它用来做家具的,所以我们要尽力保护树木。每一个生产制造都应该考虑与其他生命的关联,包括商品对人体的健康、商品对生存空间的冲击以及对大自然的影响。大信家居坚持每月产品环保随机检测,为每一位消费者的身心健康保驾护航,他们坚持从点滴做起,心系顾客,做中华民族的好子孙。

一、利他:为顾客着想

大信就是在多考虑顾客利益,顾客使用家居方便的前提下,才获得了很多的创新。比如大信对产品的设计,会考虑人的家居空间,人与物、与空间之间的和谐。因此大信在产品设计中充分考虑了空间利用,也拿了很多大奖,比如大信的"秀纳"橱柜因为对空间的利用和人性化设计拿了德国红点奖。考虑到消费者平时厨房收纳,尤其油盐酱醋的收纳,大信设计了"魔法调料抽",贴心的设计帮助消费者打造舒适的整洁生活;大信还有一款防干烧灶具是专门为忙碌中的人、记性不好的人以及老年人设计的。

企业发展不是单独地追逐生产极大化、市场极大化,那是一种资本主义的偏见，这种偏见来自孤立的个人主义思维。世界的每一个环节都是息息相关的，没有一种物体能够单独存在。因此大量地制造产品，连带的就是大量消耗地球上的资源，最后又伴随的是大量的资源损耗与抛弃，形成废物给地球增加负担、污染环境，因此大信产品质量强调耐用，比如大信柜体上用的合页，追求耐用，保证合页用到 20～25 年都不坏，大信与最好的生产合页的厂家合作，用大信的品牌做质量背书，为消费者提供经久耐用的产品。

图 7-1　检验报告和大信家居公众号（大信家居供图）

庞学元在访谈中经常会强调他共产党员的身份，那是一种由衷的自豪，大信作为一家家族企业在早期就成立了党支部，没有改革开放政策就不会有大信的今天，庞学元内心对党和国家充满了感恩。多次到大信调研和访谈，深深感受到庞学元对把一家当地的家居企业发展到现在的规模，尤其是将服务业与制造业深度融合，成为行业的典范和学习楷模，所洋溢的自豪感，尤其当讲到国外企业到大信参观调研时更是一种扬眉吐气的骄傲。

2021 年 6 月带学生到大信参观实习，庞学元亲自接待，并给学生做了一场报告，从大信的成长史讲到大信的大规模定制，以及大规模定制背后的汉字文化构造思想，那是对中国传统文化深深热爱，再讲到德国的企业组团到大信参观学习，语气中都表露着民族自豪感。他讲到德国企业组团参观学习后说的第一句话是我们想多了，就是他们用那么复杂的技术来解决定制问题，他们想多了，尽管他们的机器很先进，但是大信的效率却可以做到他们的四倍，他们就这样一片片做，没办法模块化，而大信从中找又找到了算法，发明了鸿翼算法工业软件，这种软件全世界有两种，德国和日本人都是两种分开使用的，大信重新做了一个软件，让他们合在一起了。作为一家中国企业从20世纪90年代做到现在，成为外国企业学习的榜样，庞学元觉得扬眉吐气，每一个词每一个语气都有着深深的骄傲和自豪，从中足见他对党、对国家、对民族和中国企业的爱。他常说要心存高远，充满理想，我们就一定能做好。庞学元的演讲满满的向上向善的正能量。

其实没有那么难，只要用心，就可以做到，大信是国家级工业设计中心，在河南省民营企业中只有大信一家。大信也是国家智能制造企业，在家居领域大信远远超过了德国同类企业。专家的评价是大信的技术领先德国和日本10年，所以大信入选了"国家改革开放40周年工业展"，庞学元讲："在人民大会堂的对面是国家博物馆，不远处是毛主席他老人家的纪念堂，就在那一天我从博物馆出来，天是红的，刚刚下过雨，满天都是红红的彩霞，彩霞映在地上，地看上去也都是红的，耳旁响起毛主席用湖南话在给人民英雄纪念碑奠基时宣读的碑文'三年以来，在人民解放战争和人民革命中牺牲的人民英雄们永垂不朽！三十年以来，在人民解放战争和人民革命中牺牲的人民英雄们永垂不朽！由此上溯到一千八百四十年，从那时起，为了反对内外敌人，争取民族独立和人民自由幸福，在历次斗争中牺牲的人民英雄们永垂不朽！'而此时此刻我们用企业的技术告慰我们的祖先。"这是庞学元作为一名中国企业家的骄傲，他能有这样的感慨，跟他的民族情怀分不开，跟他的党员身份分不开，跟他想成就一番事业为国争光的思想分不开。

二、弘扬中国传统文化：文化营销

文化营销是一个组合的概念，简单地说，就是利用文化进行营销，是指企业管理者、企业营销人员及企业相关人员在企业核心价值观的影响下，所形成的营销理念，以及所塑造的营销形象。正如麦当劳卖的不仅是汉堡和鸡腿，而是快捷时尚个性化的饮食文化。中国人中秋节吃月饼，仅仅是吃它的味道吗，不是，我们吃的更是中国的传统文化——团圆喜庆。企业向消费者售卖的不仅仅是那个产品，在市场竞争激烈的今天，产品越来越同质化，消费者不再仅仅看重某个产品，而更看重产品背后的价值观和文化。

用庞学元的话讲，一个企业刚起步时你做的是一个产品，顾客见到你了你能卖出去，顾客见不到你，你就卖不出去。第二个过程是你变成一个行业产品，就意味着消费者不一定认识你了解你，但是在行业里面其他的企业都认识你，大信就是如此。比如大信为了节约成本把价格降下来惠及更多的消费者，所以一直以来都很少在公共媒体上做广告，更不会请明星做代言，而是沉下心来钻研技术和产品设计，花费大的心血对传统产业进行智能化转型，建造自己的数字中心，实现大规模个性化定制，满足更多顾客的需求，为消费者创造价值。因此虽极少在公共媒体上投放广告，导致消费者很多不了解大信，甚至有些都没有听说过大信，但是在同行业中大信却是知名企业，大信是多项行业标准的发起人和标准制定者，同行业的许多企业到访大信参观。第三条路就是走出行业品牌，从行业品牌变成一个公众品牌，让消费者以及更多的公众认识你。假设大信要想真正走出行业变成一个公众品牌，最捷径的办法是请明星做代言，在公共媒体上做广告，广而告之，因为明星是公众人物，消费者会通过明星记住和了解明星所代言的产品，但是这样不仅成本高，会抬高价格损害消费者的利益，同时也与大信的社会责任价值观不很吻合。因此大信选择了另外一条路，就是文化营销，文化营销是把商品作为文化的载体，通过市场交换进入消费者的意识，企业向消费者售卖的产品不仅要满足消费者物质方面的需求，同时还要满足消费者精神上的需求，给消费者以文化上的享受，满足顾客的消费品味。在大信家居公众号的郑州大信博物馆聚落简介中，庞学元写到"大信中国厨房博物馆，以文物为证，从中破解中华饮食文化中独有的熟水、粥食、蒸食、爆炒等影响至今的文化现象和蕴藏千万年的密码是本馆的展陈特色，也是大信人收藏建馆的初心。"所以大信称他们的家居产品都是文创产品是有道理的,这是文化营销的体现,也是文化营销的结果。

用庞学元的话讲,文化营销最大的特点能使消费者和企业心连心。为什么我们从小都认为妈妈做的饭好吃,是因为人的味蕾在9岁之前基本形成,我们从小喜欢吃粥食,消费者可以在大信博物馆中找到这些文化链接。品牌信任很重要,顾客选择产品就是一种对企业对产品信任的过程,文化营销就是让顾客通过文化通过企业的价值观能和企业心连心,因为文化是相通的,大信建造的博物馆群不仅构成了大信的核心吸引力,也变成了大信的核心竞争力,核心吸引力和核心竞争力变成了同心圆。博物馆就相当于大信请的明星,只是这个明星不是一个具体的人,而是一个物群,且这个物群除了能像明星一样起到宣传作用外,还可以让消费者和大众从中了解中国的传统文化,学习大信产品背后文化内涵,迎合消费者高品质的精神需求。大信通过自媒体把博物馆聚落进行传播,因为博物馆聚落的存在,因为有传统文化的宣传,就吸引了很多消费者和潜在消费者参观,且参观转换率达到了6∶1,即每六个人参观就有一个人成为大信的客户,购买大信的产品。这大大提高了营销精准度,也让营销费用的有效利用率大大提高,从而降低了营销成本,进而降低产品价格惠及顾客。且花费很低的成本把大信变成一个公众品牌,然后带着中国独有的文化特色走向世界,把成本做到同行的二分之一。既保护了传统文化,也赋予了品牌内涵,还打通了和消费之间的信任链接,为消费者真正创造了价值。

三、大信向善理念的凝练与可视化

大信建企业初期就确定了企业宗旨是心系顾客,用心去做中华民族的好子孙,用庞学元的话说"心系顾客是我们的本职工作,用心是我们行动的动作,我们要做,去做什么呢,做中华民族的好子孙,要做世界的公民,不能再闭关自守,要做国家的儿子,这是我们当时立的宏志,就是有理想有信念,就按照这个路子走"。

为了让大信的价值观和向善理念可视化,大信选择把这些形成文字写在大信的墙上：

第一是求真务实，心系顾客。再大的阻隔，江河自古奔流入海，这是大自然中包含的真理，一切的奋斗，大信始终心系顾客，这是大信人永恒的信条，只有奔流不息，江河才能让百川入大海，唯有求真务实，大信才能以顾客为中心，要从根本求生死，莫向支流分浊清，去粗取精，去伪存真，大信唯一的正道便是，求真务实心系顾客。

第二是永担责任，当下行动。没有永远的成败，只有永恒的担当，再细的河流也能积累长江大河的气魄，大信最早就十几个人，再小的职责也能造就顶天立地的人格，永担职责，当下落实，不落实就落空，成功是做好一切，失败只因一个细节，不推委、不拖拉，让同事看到这样的大信人，心生敬意；让家人看到这样的大信人，自豪幸福；让顾客看到这样的大信人，放心信任，一心一意，永担职责，当下行动。

第三是安身立命，诚意正心。找到属于自己的草原，安顿下来，盖房养马，娶妻生子，要么农耕，要么放牧，衣食无忧，甜美生活，发现适合自己的岗位，踏实下去，求真务实，心系顾客，能够安身，能够立命，实现自我，实现灿烂人生。所有的力量由诚意生，所有的幸福从正心起，不自欺，不欺人，老天自然会眷顾我们，顾客当然能相信我们。大信人都知道，幸福的日子由安身立命始，辉煌的人生在诚心正意中。

第四是格物致知，笑遍世界。就是知道大信的理想和大信前面要走的路都是对的，知道自己的追求方向，知道自己的职责，熟知自己的岗位知识，熟知自己的岗位职责，庖丁解牛，游刃有余，既做就做最好，当家就当专家，庞学元说：这时我们会不由自主地笑出声来，笑的得意，笑的潇洒，笑的快乐，因为通过努力每个岗位上的大信人，都成为了行业中的顶峰，每个大信人都凭实力诠释着海阔无边天作岸，山高绝顶我为峰，我们的努力定将让我们笑遍世界。

四、大信的向善理念执行

何为营销向善？我理解为企业关注自身行为对社会的影响力，开始不拘泥于如何更快地从社会公众、顾客中获取利益，而是将"善"融入企业社会活动当中，履行企业社会责任。过去，逐利是商业最主要的驱动力，正如20世纪60年代，获诺贝尔经济学奖的美国经济学家米尔顿·弗里德曼提出的那样，"企业的社会责任就是增加利润"。这种股东利益至上的古老经济观念已经不适用于现在的社会模式。当前是消费者导向的市场经济形态，品牌种类繁多，商品同质化较为严重，那么怎样在市场环境下站稳脚步，抢占更多市场份额？除了提升产品自身品质，一个品牌或企业还要更加关注产品背后的品牌人文关怀，关注人与自然可持续发展。这也是在商品种类趋近饱和后消费者会越来越看重的点，也是响应党和国家"增进人民福祉""坚持绿水青山就是金山银山的重要理念"号召的体现。国家以"生态美""百姓富"为目标，始终践行绿水青山就是金山银山的理念，促进人与自然和谐共生，推动经济社会快速发展，企业也必须以这些作为自己的企业文化，紧跟国家大趋势发展。

随着社会的发展，消费者的消费观正从原来的产品观更多偏向情感与精神价值的消费。尤其在疫情影响下，消费者对可持续发展的认识正在不断深化，可持续消费行为的践行度是对消费者最大的灵魂拷问。这是第一次，大多数人无论作为消费者还是企业运营者，意识到大自然的力量无法战胜后，真正主动想去了解"可持续发展"。根据知萌2021中国消费趋势报告调研数据显示，疫情开始后消费者更加重视企业是否体现社会公益、社会责任，并且更注重公司是否将绿色环保、可持续发展的理念应用到产品的设计、生产中。据调查所示，消费者认为绿色环保的产品设计理念，有可持续发展的品牌理念和使用更环保的产品、材料是增加他们对品牌好感度的行为，分别占比为36%、34.8%和34.2%。随着消费者越来越期待社会中"善"的力量，企业也需要结合消费者需求，根据实际情况将"善"融入企业营销中。环保、健康、安全、绿色等元素都能够成为品牌用来承载"善"的理念和内涵，这也正是大信家居所追寻和身体力行做到的。

从企业创立之初，大信经营理念就决定走家居消费品路线，走高性价比路线，为美好涅槃，定位于服务市场中大基数消费者。全世界大多数人都需要性价比高的产品，这是人类特别美好的愿望，这也是大信的企业使命和崇高理想。

（一）工业旅游与"5G + 文博旅游"

在介绍"5G + 文博旅游"之前，首先要了解大信特色的工业旅游模式。所谓工业旅游，就是以工业企业先进的技术装备和生产设施、动态的生产流程、科学的管理体系、优美的生产生活环境以及独特的工业建筑艺术为吸引物，以增长知识、开拓视野、扩大阅历为目的，融观赏、考察、学习、参与、购物于一体的一种专项旅游形式。除了大信主打、为人们所熟知的家设计旅游景区外，大信"魔数屋"也是其工业旅游的重要景区之一。大信"魔数屋"坐落于河南省新乡市，地处中原城市群核心发展区，位于郑州1小时经济圈内，交通条件十分便利。总占地面积500亩，景区现有大数据云瀑布、大信家居博物馆、游学中心、智能制造简易厅、大信企业文化长廊、大信家居定制体验馆、检测测试中心、智能制造可视中心等10余个特色观光游览景点。可近距离观赏世界领先的定制家居制造技术及家居生产全流程，具有极高的观赏性。大信"魔数屋"集传统文化展示、先进的工艺流程展示、购物于一体，具有极高的观赏价值、历史文化价值、科学价值及科普研学价值，多次接待外国友人及科学专家，普遍受到大众的称赞。在这里，可以看到高效节约成本的阳光立体仓库，看到世界领先的现代化智能制造生产线、看到中国唯一的家居文化博物馆……在这里，不仅可以感受定制家居行业的技术革命，感受中国先进的工业力量，更会从中感受到中华文化的自信心和中华民族的自豪感！

探索家居企业文化、体验家居生产过程也是对游客的一种知识普及。在游览过程中了解、接触工业生产过程，从中获得灵感。大信作为一个极其重视工业旅游的企业，无论是对旅游环境的选择与保护，还是对旅游模式的探索与创新都有极大的信心。

2020年6月5日，大信家居与郑州联通签署"5G + 工业 + 文博旅游"战略合作协议，按照党的十九大关于建设网络强国、数字中国、智慧社会的战略部署，双方联合打造以5G技术为平台的家居行业大数据中心、工业互联网平台，以及大信博物馆群"云展馆"、工业旅游"云景区"，实现先进制造业与现代服务业深度融合的"5G +"领先世界的创新业态。

在5G技术加持下,未来的博物馆将有哪些可能性呢?(1)无障碍的AR和VR体验。5G将为观众提供更好、更顺畅、更可靠的全景线上博物馆参观体验,消除了空间维度,身临其境、亲密接触国宝文物,并能观看细节。5G时代,博物馆的体验正被重新定义,观众的视角也在发生着转变。(2)数字文物档案。虽然当下针对文物的保护和保存技术已经达到了较高的专业水准,但仍难以让文物完全避免时间作用下的损耗。5G技术下,博物馆可实现对文物的高精度数字化采集工作,并通过展示设备进行"毫米级"重现,让祖先的智慧和创造永久流传。(3)大数据整合分析。接入5G网络,除了游客的人次统计数据,博物馆还将能够实时收集关于特定展品、空间受欢迎程度的更细微的信息,由大数据分析并推动新颖、自适应和吸引人的博物馆体验。这将为博物馆展览、活动的策划和开展提供新的可能性。大信"5G+文博旅游"的发展模式,充分发挥了5G技术优势,打破博物馆的边界,深入挖掘文化资源,以最便捷形象的方式向群众传送场馆藏品的艺术价值,让群众更方便的、更真切地感受文物并从中获取滋养。这已经不仅仅是简单的博物馆展览,而是一种全新的艺术汲取体验。

(二)业界楷模共享经验

1. 大信企业核心优势(大数据"物联网+")

2017年,郑州大信家居获评工信部"智能制造试点示范项目企业"和"服务型制造示范企业",成为定制家居行业智能制造的范本。但这些成就的达成并非一日之功,靠的是在董事长庞学元带领下,大信公司一步一个脚印探索出来的。

大型全屋定制难题的攻破得到了国家有关部门的支持与肯定,放眼望去大信依靠大数据互联网技术取得的成就数不胜数。

(1)"伟大的变革——庆祝中国改革开放四十周年成就展",是中国家居行业唯一入选企业。

(2)拥有全亚洲最大的全屋定制家居生产基地。

（3）国家全屋定制家居产品行业标准以及整体厨房售后服务标准制定企业。

（4）国家智能制造示范企业。

（5）全国工商联定制家居专委会执行会长单位。

（6）全国工商联橱柜专委会执行会长单位。

（7）中国五金制品协会副理事长单位。

如此之成就，无疑给中国家具定制行业提供了宝贵的经验，大信家居秉承家国情怀与强烈的社会责任感，向全行业打开大门，分享探索成果。

2. 共享发展经验，开展文化交流

正所谓品牌之间有交流才会有发展。大信积极参与各种交流会，总结探索过程中的经验，发表相关文章供全行业人士学习借鉴。但大信二十多年的探索之路，经历了无数挫折与困难，用金钱血泪开辟出领先全球的个性化定制技术之路就这样透明公开的向全行业展示并不是一件容易的事。首先建议大信整合资源分享经验的是工信部苗部长，其在参观了大信简易系统后称赞不止，向庞理表示希望大信认真总结经验，整合起来给其他企业作为参照，让其他企业少走弯路，为整个国家的工业化做贡献。庞理并没有立即答应，但思考片刻后庞理还是决定与其他企业分享发展经验。庞理说："因为我们企业理想就是心系顾客，用心去做中华民族的好子孙。"给予行业帮助也就是为国家蓄力，支撑大信无私奉献宝贵经验的另一信念就是大信企业文化中的永担责任，从当下行动，大信认为没有永远的成败，只有永恒的担当，再细的河流也能积累长江大河的气魄，不推、不拖、不拉，行业需要大信，大信就冲锋陷阵抗住职责。也正是这样优秀的企业文化影响着每一位在大信工作的大信人，也让顾客看到这样一心一意的大信人，放心信任。

大信积极总结经验，开展文化交流是给予整个行业的养料。一方面大信所分享的经验是经过实践验证的成功经验，有一定的可操作性和可借鉴性，这给很多一筹莫展的家居企业指明了改进方向，增强了顽强抵抗、持续发展的信心。由此一来，行业发展速度必然得到提升，而竞争压力也会随之而来。合作与竞争同在，压力与友谊并存，这样的商业发展模式是健康的、可持续的。压力产生动力，会促进大信的进一步探索与发展，也带动其他企业共同前进，无疑是提升了行业的综合竞争力。另一方面，通过经验的总结，使得大信发展体系系统化，为大信方案赋予了更顽强的生命力和更高层次的价值。当然，文化交流并不仅仅是大信单方面的输出，大信这一先锋企业的带领也推动着整个行业的交流与融合，各个企业畅所欲言，将发展成果回报于社会，共同探索出更优的方案，实现行业的共赢。

（三）社会教育

1. *教育理念的渊源——百善孝为先*

孝与感恩是中华民族传统美德的基本元素。我国孝道文化包括敬养父母、生育后代、推恩及人、忠孝两全、缅怀先祖等，是一个由个体到整体，修身、齐家、治国、平天下的延展攀高的多元文化体系。孝，狭义说就是善事父母；广义说，就是孔子说的"始于事亲，中于事君，终于立身"。感恩，狭义说就是感激父母，广义说，就是感激自然，感激社会，感激祖国，感激所有帮过自己的人。孝与感恩是以孝敬父母为本的孝道文化的基本元素。孝是感恩的前提与基础，是人内在的品质，属于魂；感恩是孝的体现，是人外在的品行，属于形。孝与感恩是思想、是态度、是文化、是行为、是素养、是文明。

从大信建立的第一天起，庞学元就向全体员工强调孝道文化，引导大信人孝敬父母，勇担责任，大新员工有一个共同特质就是孝顺。父母是抚养你长大的人，如果连他们也无法感恩孝敬就更谈不上对顾客的感恩，没有了感恩之心，日后的工作也就难以持续下去。文化需要传承，这中间很重要的一环便是充分发挥榜样的力量。因为在家庭中对父母的孝敬无形中会影响到孩子，同事之间在工作中无意传达的孝道思想也会影响着左右同伴。就这样相互影响，也会带来一定的反思与思考甚至是良性的比较，即同事之间也会对比我能否把孝敬父母做到最好，而这就是一种榜样的力量。因此在大信，只要员工父母生病，免于请假便可及时带父母看病，并且只要是照看父母都是全工资，最长的三天半，留岗位发工资，员工便可以安心照顾父母，这也是中国孝道文化的传承，也是一种力量。

由此，孝道文化的教育功能也逐渐显现。在家庭中，父母对子女的抚养义务包括对基本生活技能的教育，使之从呱呱落地的婴儿到可以独立于社会的成年人。父母通过基本孝义的教育，通过耳濡目染、潜移默化的方式不断地教化子女。那么作为一个有力量的企业，大信也利用独特显著的优势为社会做出了力所能及的孝老爱亲教育。

2. 产学研结合

（1）给予学生教育

中国厨房文化博物馆是国家文化旅游景区，也是中国第一家厨房文化博物馆，保护及修复《灶王经》、七层连阁彩绘陶仓楼、七星灶、明绿釉食盒等相关文物5000余件，自2011年开馆至今，接待30多个国家、50多万人次游客到访。为了设计出更好的产品，大信家居在研究中国人生活方式的过程中积累并保护了大量珍贵文物和文献资料。经过用心整理，建成了中国厨房文化博物馆这一公益性公共平台，在这里，不仅为现代设计启迪灵感，也为传播中华优秀文化提供舞台。大信还利用大信博物馆群致力于社会公共教育，积极联合大中小学开展学生"第二课堂"活动。2019年11月3日，大信厨房博物馆内迎来了百名不同寻常的小观众——大河报小记者。在讲解员的带领下，小记者们参观了厨房博物馆的各个展厅，了解中华民族几千年来的饮食习俗、文化。汉代的灶台、食器，清代的《灶王经》、灶王年画等。期间，李馆长还讲到了2018年大信入选国家博物馆"庆祝改革开放40周年大型展览"的故事，分享了大信作为家具定制企业，如何在历史文化中汲取营养、从传统中创造新文明的经验，并且引用习总书记的一句话，"人民有理想，国家有希望"，勉励小记者们从小做一个有理想的人。此次的研学活动，在丰富了孩子们的历史文化知识的同时，也锻炼了他们的沟通、写作能力，培养了他们的民族自信心。类似的公益活动大信都会定期举办，结合时代热点，在参观的过程里把学习寓于娱乐之中，用小学生喜闻乐见的方式潜移默化的传输传统文化知识、新闻热点知识。既能发展小学生对于历史文物的兴趣，也可以激发他们对于历史的思考。更重要的是，厨房博物馆是一种特别而珍贵的教育资源，场馆藏品也是直观的教学模具，大信提供的是家庭、学校、社会所无法提供的独特教育。

因此，于 2020 年 11 月 17 日，河南省粮食和物资储备局发布通知，经各市县推荐，省粮食和物资储备局、农业农村厅、教育厅、科技厅、妇联共同研究、综合评选，确定了河南粮食投资集团有限公司等 7 家单位为第二批河南省粮食安全宣传教育基地，郑州大信艺术博物馆位居第二位当选。

不仅仅是小学生，大信家居也有意与各大优秀的高校合作，为学生提供艺术与实践的场地。大信每年向前来观摩的大学生免费提供约一万份盒饭，支持学生临摹博物馆内藏品。在 2019 年 12 月 14 日，清华大学美术学院蒋红斌教授带领产品设计与展示设计专业大三学生 20 余人，分别到大信总部、家设计工厂、厨房博物馆、非洲艺术博物馆、家居博物馆、大信原阳工业园区进行参观研学，由大信家居董事长庞学元、大信博物馆群馆长李电萍女士亲自接待，并针对企业理念、企业模块、历史发展、产品设计、服务转型等方面进行深入讲解，同学们受益匪浅。除此之外，大信也是大学生实习基地。没有超高门槛、没有学历与工作经验歧视，对于符合大信选职要求的本科毕业生，大信都愿意提供合适的就业岗位。这一方面缓解了毕业季大学生的就业压力，另一方面也为初入社会的大学生提供了很好的学习机会。在大信每年都会定期开展员工培训，请大信内部专业讲师讲课，免费为学员解决吃住问题，其目的就是在于培养人才，服务于消费者。

（2）服务行业企业，提供学习机会

除了整理发展经验供业内企业参考，大信企业每年还会迎来不少专家学者前来参观考察，其中较多为企业家。在这一参观过程中不免给予企业家以思考和启示，为此大信专门建设有讨论室供其集中讨论，这实际上也是一个对本行业企业家的培养过程。庞学元为此专门开设了一片地用来种植香樟树，一棵香樟树代表他们帮助过一万个企业家，就这样不断累积，在实现企业理想的同时，为社会不断输送优秀人才。参观过大信的同行企业就有他们的竞争对手，但是用庞学元的话说，大信完全免费对外开放，对所有企业和同行开放，并热情欢迎他们的到来，例如，从 2014~2021 年欧派集团已经多次走进大信参观学习，大信的软件系统、大数据中心都无私对同行业开放，并认真给予讲解。郑州当地更常有企业参观考察，到他们的博物馆寻找设计灵感，庞学元介绍说，比如宇通客车来到非洲木雕艺术博物馆，就找到了他们汽车前脸的设计灵感。还有一家盾构机企业，一进到非洲木雕艺术博物馆，看到一个墙上的物品，立刻惊喜地喊道：终于找到我们盾构机的原始设计来源了。更有外国的同行企业到大信参观考察，比如德国的同行业企业到大信参观后，看到了灶王爷雕像后，深感于中国厨房文化的博大精深。

2021 年 4 月，中国工业设计协会常务理事会在郑州大信家居有限公司国家级工业设计中心举办。协会会长、清华美院教授柳冠中及来自全国各地设计界专家出席本次会议，共同讨论近期协会各项工作，并且总结开展下一年协会事宜规划。此外与会企业代表认真参观大信，听大信董事长的讲解，从大信企业汲取营养。大信家居参加了此次会议，并在会议上当选协会副会长单位。会上，柳冠中教授提出"定义什么是美好"的思想主题，并对大信家居创始人庞学元说："庞董你做了这么多事情，我还是很不客气的说，庞董你的下一个任务更艰巨，也就是我们研究了未来研究了历史后，我们得出我们中国走自己的路，要有我们的未来家居，要回到人的初心"。大信庞学元也做出承诺：大信家居作为中国工业设计协会副会长单位，将持续发挥设计创新领军作用，努力推动中国工业设计走上数字化、网络化、智能化、绿色化发展道路，完善设计创新体系，搭建协同创新平台，提升工业设计创新能力，为制造强国建设提供更加有力的支撑。

3. 服务于地方发展

作为河南当地一家地方企业，大信一直致力于地方经济和教育的发展。

（1）服务于地方经济发展

河南省第十一次党代会提出，发展工业设计、工业软件、建筑设计、创意设计等，打造"设计河南"，设计被提到了前所未有的高度。"设计河南"将成为河南省培育新的经济增长点、提升产业竞争力的有力抓手，也是提升河南文化软实力的有效途径。作为河南省民营企业首家国家级工业设计中心、中国设计产业100强、中国十佳工业设计园区，大信家居一直在思考自己能为河南经济发展做些什么？

作为中国工业设计协会副会长，庞学元认为，通过博物馆和历史大数据的研究，才能更懂得中国人的生活方式，设计出符合中国人需求的产品。"我们建这几个博物馆，本就是为了更好的对产品进行研究设计，搭建全球范围内的工业设计、人类烹饪行为习性研究平台。"也因此，大信家居的5个博物馆，一直坚持免费开放，每一位参观者，都是中国文化的传播者。

2022年初，庞学元跟北京、深圳、广州等地的专家朋友一起开了个"视频电话会"，请他们也为"设计河南"出谋划策。大家看法一致——中国制造已经到了需要突破创新的时候，需要在工业设计上下功夫，在基础研究上下功夫。

作为中华文明的发源地，河南拥有深厚的文化底蕴。这是河南最大的财富，也是"设计河南"做基础研究的最大优势。庞学元希望，大信家居的5个博物馆，未来可以成为"设计河南"的一个基础研究平台，聚拢起更多的设计人才，"只有敢做基础研究，才能有更加光明的未来。"

2021年4月，数十名中原工业设计城入驻企业负责人汇聚园区，一同乘车前往郑州大信家居参观，拉开了设计城"前行者轻创会"沙龙的序幕。在大信家居家设计工场，与大信董事长庞学元进行交流与探讨后，企业家们切实感受到了大信对厨房文化的追根溯源，对其推出的大规模个性化解决方案点赞，更被庞学元对定制家居行业所持有的浓浓情怀感动。随后，在讲解员的带领下企业家们分别参观了大信家居博物馆、大信厨房博物馆、非洲木雕艺术博物馆等，从中了解设计理念、学习企业文化，探讨设计精髓，激发设计灵感。

企业家们围绕"创业中最重要的是什么"进行座谈探讨，各位企业家纷纷畅所欲言，就创业路上的小故事和大家分享。他们表示，"来到大信家居学习到了很多，这是一家很有情怀且对工业设计很重视的企业，特别是对市场的分析数据,收获颇深""大信家居的企业文化树立品牌等方面的独特之处,值得借鉴""来到大信家居学习到了他们对专注领域的执着、坚守、创新,回去同样也要把学习到的精神传达到公司上下,更好地为企业做好检测服务,用数据说话。"

(2) 服务于地方教育发展

大信博物馆群一直对外免费开放,是河南多家高校的实习基地,比如河南财经政法大学、郑州轻工业大学等,每年都有大量的学生走进企业进行认识实习和工作实习,记得有一次带领学生到大信的博物馆和生产基地两个地方参观,由于生产基地在新乡原阳,距离郑州有一定的距离,两个地方的往返参观,学生没办法回学校就餐,大信知道后,免费给学生提供员工的工作餐,此外对于到大信进行工作实习的学生,大信也给学生免费提供住宿,解决他们的后顾之忧。

2021年6月,8辆大巴载着400个幼儿园小朋友走进大信博物馆参观,聆听讲解,在这里渡过了一个特殊的六一儿童节。庞学元和李电萍馆长经常在博物馆里做义工,给孩子们讲解文物知识、讲解历史和文化。每年都会有大量的中小学生走进大信参观学习,大信博物馆聚落已经成为服务于当地学生教育的文化场所。

图7-2 前来参观的小朋友(大信家居供图)

第三节 本章后记

管理学大师彼得·德鲁克曾经说过,管理的本质就是最大限度地激发和释放他人的善意。追踪大信这么多年,音频资料和视频转化的文字资料有几十万字,课堂教学中也经常以大信为例,除了他们的营销理念,更多提到的是他们的社会责任和向善的理念,这种理念贯穿于大信的领导层和员工。每一个在社会中运营的企业除了有财务绩效目标外,还要有自己的社会目标,这样的企业才能发展的更长久更强大。

2020年新冠肺炎疫情期间为了让在家上网课的大一学生仍然能通过网络走进企业,我们学院准备实施云直播,作为跟大信公司进行对接并带领学生开启云实习的老师,我与大信进行了多次前期沟通。为了更多地了解新冠肺炎疫情期间大信的营销策略我观看了大信疫情期间在天猫上的几次直播活动,印象深刻的一次是:庞学元亲自带领顾客走进大信原阳生产基地进行视频直播,他在把自己企业的智能化生产车间、云计算中心和产品介绍给顾客时,像以往一样滔滔不绝、自信满满,但是就有那么一瞬间,看到镜头下他的背影的那么一瞬间,我发自内心地被他感动,我感受到了他把大信当做自己一生的事业在做的决心和责任,更深深感受到了他为了民族品牌振兴、为了践行全世界人类都需要物美价廉的产品的企业理念在默默奋斗的执着。

图7-3 大信家居获奖展示区(大信家居供图)

2020年10月采访庞学元时,他曾经说道:人性本善,我们从这个角度和思维出发去管理工人,这么多年我们没有处罚过员工,员工照样都干得很好。如果换个思维,从人性本恶的角度出发去管理工人,这中间就会充满不信任,和员工之间的关系就会变得糟糕。大信致力于中国传统文化的现代化,一直给自己加了一项责任。大信把中国优秀的传统文化体现在产品设计、企业文化、价值观、理想和做人做事上。有一次走进大信,我对庞学元说,"你们的企业",他马上纠正:"这不是我的企业,这是国家的。"我很诧异作为一家民营企业的老板会这么说时,再次问他原因,他说过去读书人经常说"达济天下",这是传统文化的一种自然流露。李电萍馆长在一次访谈中也说道:"大信建造博物馆,比如色彩博物馆,完全可以用于企业自己的研究,但是我们发现色彩教育很重要,因此要承担起这个责任。"从色彩博物馆建好后,已经有大量的学生、消费者、企业界人士等走进大信色彩博物馆,感受和学习。用李电萍馆长的话说,国家有那么多事情要做,我们每个人能做一点是一点,"众人拾柴火焰高"嘛。

大信用4倍效率、1/2成本、"普惠"销售的理念,让大信产品在终端消费市场有了极致的性价比。目前大信家居年销售收入接近20亿元,总部员工仅400人左右,而行业中领先的一线厂商要达到这样的销售收入需要配置5000~8000人。用庞学元的话说:"我们着力用效率的提升来赚钱,大信不是不提价,是不想提。",自1999年创立至今,大信20多年的时间里产品只提价一次,还是在五六年前"实在扛不过原材料涨价而做出的决定"。庞学元说:"做企业有信仰,我们的设计也有信仰,就是'优品优价'。在这样一种理念下,口碑传播成为大信营销的唯一方式,没有明星代言、没有广告投放,节省下来的费用全部用于让利消费者。"在多次访谈庞学元时,他都提到:"企业赚钱与提高利润,要控制在合理的范围内,千万不能贪多。大信的理想是'普惠',就是要给全世界的人们提供物美价优的产品。"庞学元常说赚取这么多利润足够了,再多良心就没啦。

企业向善需要行动。李电萍馆长讲到,企业不仅有责任把自己的产品做好,还有责任要把消费者教育好。比如建立色彩博物馆的初衷之一就是让我们的孩子从小都能对色彩有感知,培养他们的色彩搭配能力和审美能力。让更多的消费者和孩子们能走进大信的色彩博物馆,学习这些知识。一方面我们借助于色彩等博物馆提升我们的设计能力,但另一方面我们设计好了,也需要消费者具备一定的鉴赏能力,因此大信认为他们有义务尽自己的力量去培养和教育消费者,让消费者更能感受美。在大信色彩博物馆的结束语中,庞学元这样写道:祖先的荣耀在于对人类的贡献,过往的历史坚定了华夏儿女的文化自信。让我们共同努力,使中国传统色彩焕发出更耀眼的时代光彩,以造福人类。在非洲木雕艺术博物馆的前言中庞学元写道:哲学是关于神学和科学之间的学问。神学是科学以外人类不能肯定的事物的思考,科学是可重复性的实证,非洲原始文明的神灵木雕,是全人类极其珍贵的共同遗产,大信家居系统地对其进行了收藏、整理和国际保护,以更好地致敬文明,面向世界,服务公众。

  企业向善需要传承。大信博物馆有一则前言,是庞理写的:"传承是一种伟大的坚持,文物是先人留下最珍贵的家书,用心去读,去放下自己,无私的投入,广阔的时空,需正视先人,让流传的文明具体鲜活,用爱与智慧去理解我们的先辈,用爱与智慧去滋养我们的后人,这是我们的责任与荣幸,愿用心品味,愿品有责任。"一次访谈庞学元时他说道,他跟儿子庞理讲:"我们这个企业100年不倒,1000年也会倒,是早晚的事。但是文物这个东西呢,要保护好。我们保护不好的话就全部给国家,那未来你怎么对他们?你想一想。"庞理说,那我给您写个保证吧,于是就有了上面博物馆的前言。

  "良田千顷,不过一日三餐,家财万贯,睡不过七尺。""一个人多吃一点会三高,财富多了也会三高的。"庞学元的一些语言自然流露出他的价值观和向善理念。比如关于建造博物馆,我说:你们承担了很多社会责任。而他说:这都是很自然发生的事情。现在我们的能力不大,我们就先做这么多。等我们的能力大了,还可以做更多的事情。也没有刻意要去做,就是觉得是自己应该做的,完全都是内心善念和家国情怀的一种自然流露。

参 考 文 献

一、中文部分

1. 陈灿君、许长新："代际差异与企业社会责任的关系研究"，《当代经济科学》，2021年第6期。

2. 程晨："家族企业代际传承：创新精神的延续抑或断裂？"，《管理评论》，2018年第6期。

3. 邓新明等："企业社会责任对消费者购买意向的影响研究"，《管理学报》，2016年第13期。

4. 董伶俐等："拟人化对革新型创新产品消费意愿的影响研究——认知需求的调节作用"，《商业经济与管理》，2018年第8期。

5. 符国群："从供需'匹配'视角重新诠释和理解市场营销——兼论市场营销知识体系的构建"，《营销科学学报》，2021年第1期。

6. 胡婕、卢梭道："德情感理论及现当代启示"，《华中师范大学》，2017年。

7. 寇彧、张庆鹏、付艳："原型理论视野中的亲社会行为研究"，《心理与行为研究》，2008年第2期。

8. 李卫宁、张妍妍："中外家族企业传承对比研究的评述与展望"，《财会月刊》，2021年第3期。

9. 李卓宇，"企业社会责任履行对消费者行为的影响研究"，《湘潭大学》，2017年。

10. 连帅磊、刘庆奇、孙晓军、周宗奎，"手机成瘾与大学生拖延行为的关系：有调节的中介效应分析"，《心理发展与教育》，2018年第5期。

11. 罗进辉、彭晨宸、刘玥："代际传承与家族企业多元化经营"，

《南开管理评论》，2021年第1期。

12. 史伟，陈信康，"企业社会责任行为对顾客公民行为的影响研究"，《华东经济管理》，2014年第11期。

13. 谭玉婷："自然联结对大学生亲社会行为的影响：生命意义的调节效应"，《内蒙古师范大学》，2020年。

14. 涂红伟、张志慧、马建峰："顾客感恩研究述评与展望"，《外国经济与管理》，2021年第2期。

15. 温忠麟：《调节效应与中介效应分析》，教育科学出版社2012年版。

16. 吴雪："企业社会责任（CSR）行为对消费者态度的影响"，《西安工业大学》，2017年。

17. 肖萌、马钦海、李慢："顾客资源如何影响共创中的顾客价值——互动的多重中介作用"，《营销科学学报》，2017年第3期。

18. 许家瑞："肉制品企业社会责任对消费者购买意愿的影响研究"，《华中农业大学》，2018年。

19. 于少青、刘霞："传统文化视野下企业社会责任体系的构建——以中国老字号企业为例"，《现代商业》，2014年第8期。

20. 赵雅玲："企业履行社会责任行为对消费者购买意愿的影响研究"，《南京师范大学》，2016年。

21. 邹立凯、王博、梁强："继任CEO身份差异与家族企业创新投入研究：基于合法性的视角"，《外国经济与管理》，2019年第3期。

二、英文部分

1. Bowen H R. Social responsibilities of the businessman [M]. Harper, New York, 1953.

2. Carroll, A. B., A three-dimensional conceptual model of corporate social performance, *Academy of Management Review*, 1979, 4 (4): 497-505.

3. Carroll A B. Corporate Social Responsibility Evolution of a Definitional Construct [J]. *Business & Society*: *Founded at Roosevelt University*, 1999, 38 (3): 268-295.

4. Fazal-e-Hasan S, Lings I, Neale L, et al. The role of customer

gratitude in making relationship marketing investments successful [J]. *Journal of Retailing & Consumer Services*, 2014, 21 (5): 788 - 796.

5. George J M. State or Trait: Effects of Positive Mood on Pro - social Behaviors at Work [J]. *Journal of Applied Psychology*, 1991, 76 (2): 299 - 307.

6. Kim S, Lee J S. Is satisfaction enough to ensure reciprocity with upscale restaurants? The role of gratitude relative to satisfaction [J]. *International Journal of Hospitality Management*, 2013, 33 (1): 118 - 128.

7. McCullough M E, Tsang J A, Emmons R A. Gratitude in intermediate affective terrain: Links of grateful moods to individual differences and daily emotional experience [J]. *Journal of Personality and Social Psychology*, 2004, 86 (2): 295 - 309.

8. Mishra A A. The role of customer gratitude in relationship marketing: Moderation and model validation [J]. *Journal of Strategic Marketing*, 2016, 24 (6): 529 - 549.

9. Palmatier R W, Jarvis C B, Bechkoff J R, et al. The role of customer gratitude in relationship marketing [J]. *Journal of Marketing*, 2009, 73 (5): 1 - 18.

10. Romani S, Grappi S, Bagozzi R P. Explaining Consumer Reactions to Corporate Social Responsibility: The Role of Gratitude and Altruistic Values [J]. *Journal Business Ethics*, 2013, 114 (2): 193 - 206.

11. Ross L, Greene D, House P, The False Consensus Phenomenon: AnAttributional Bias in Self - perception and Social Perception Process [J]. *Journal of Experimental Social Psychology*, 1977, 13 (3): 27.

图书在版编目（CIP）数据

顾客执念，家国情怀：中国民营企业的社会责任：大信家居创新引领／董伶俐著．——北京：中国财政经济出版社，2022.6

ISBN 978-7-5223-1366-5

Ⅰ.①顾…　Ⅱ.①董…　Ⅲ.①民营企业－企业责任－社会责任－研究－中国　Ⅳ.①F279.245

中国版本图书馆 CIP 数据核字（2022）第 068458 号

责任编辑：高文欣　　　　　责任印制：史大鹏
封面设计：卜建辰　　　　　责任校对：张　凡

中国财政经济出版社 出版

URL：http://www.cfeph.cn
E-mail：cfeph@cfeph.cn

（版权所有　翻印必究）

社址：北京市海淀区阜成路甲 28 号　邮政编码：100142
营销中心电话：010-88191522
天猫网店：中国财政经济出版社旗舰店
网址：https://zgczjjcbs.tmall.com
北京财经印刷厂印刷　各地新华书店经销
成品尺寸：165mm×238mm　16 开　13.25 印张　200 000 字
2022 年 6 月第 1 版　2022 年 6 月北京第 1 次印刷
定价：88.00 元
ISBN 978-7-5223-1366-5
（图书出现印装问题，本社负责调换，电话：010-88190548）
本社质量投诉电话：010-88190744
打击盗版举报热线：010-88191661　QQ：2242791300